JN065481

小学校英語「5領域」評価事例集

文部科学省教科書調査官 池田勝久 編

〈編集協力〉 泉惠美子／大城賢／加藤拓由
巽徹／田縁眞弓／東仁美

🏛 教育開発研究所

❖はじめに

🌱今，小学校の森に「外国語科」の木が誕生した

この小さな木はまだ幹も細く，枝
や葉もわずかです。でも「外国語活動」
として大地に植えられてから着実に
新根を伸ばし続けています。本書は，
この小さな木に立派な葉や美しい花
を飾ることよりも，小学校という大
地にしっかりと根を張り，幹や枝を
太くすることをねらいとしています。

よそで育てられた美しい枝や葉だけを借りてきてもホンモノの木を育てた
ことにはなりません。ホンモノを育てていくには，日光，水，肥料が必要で，
添え木や育てる人々のチームワークなども大切です。これらはカリキュラ
ム・マネジメントの経営的側面であり，今後の小学校英語充実の鍵を握って
います。

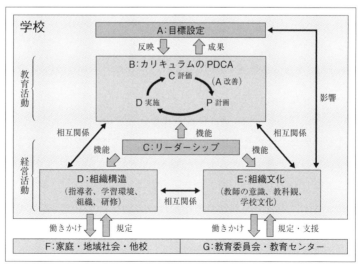

小学校英語カリキュラムマネジメント・モデル（池田 2020）

3

🌱 小学校英語が「ホンモノ」になるとき

　小学校英語の木が他教科と同じように大地に根を張り，太い幹から何本もの枝を伸ばしていくにはどうしたらよいでしょうか。最も重要なカリキュラム・マネジメント要因は「組織文化」だと言われています。なかでも小学校英語の教科観は，算数や国語等と比較してもまだ歴史が浅く，十分に確立されているとは言えません。ところが，教科になり観点別にABC評価をしなければならなくなると，小学校英語の学習評価の問題が先生方にとって喫緊の課題になってきました。これまでも外国語活動で評価は行われてきたわけですが，観点別学習状況の評価規準を明確に設定することにより，教育課程や学習・指導方法の改善と一貫性のある取り組みが進められるようになります。かつてはフラッシュカードで単語を覚えさせ，先生が決めた対話形式を練習させることが授業の主流であった地域もありましたが，これでは知識や技能が使用されることはあっても，子どもに思考させる場面がありません。これからは，学習指導要領で重視している「主体的・対話的で深い学び」の視点からも，歌やゲーム，ドリル練習だけの授業は淘汰され，言語活動が核となる「ホンモノ」の授業が創造されることになるでしょう。そう遠くない未来に，小学校英語の木にたくさんの葉が生い茂り，すてきな花や実をつけている姿が見られるようになる日がやってくるに違いありません。

🌱 Tough times bring opportunity!

　ところが，今年2月，新型コロナウイルス感染拡大に伴い，学校現場に突然の臨時休業が要請され，4月には非常事態宣言が発令されました。そして，臨時休校が長期化し，子どもの声がしない校舎で先生方がその対応に追われている様子が報道されました。分散登校やオンライン授業など，先生方がこれまでに経験したことのない取り組みも進められ，平時以上に激務が続いていると思います。本書が発刊される頃には感染が少しでも収束していることを切に願うばかりです。ところで，このような異常事態になることをいったい誰が予想できたでしょうか。学習指導要領の今次改訂は，「先行き不透明な時代」を生き抜くとともに，新たなものを創造するために必要な資質・能

力の育成をめざして進められてきたものですが，まさに私たちは「先行き不透明な時代」の真っただなかにいると言えます。学校教育は，国や学校の方針というよりも，否が応にもパラダイムシフトが求められました。教師は，児童・生徒の安心・安全と学力保障を究極の目標としながらも，限られた資源（時間や人材，IT環境等）を最大限に活用して，その対応・対処・対策に柔軟に取り組まなければなりません。つまり，教師自身に「新しい時代を生き抜くための資質・能力」が備わっているかが試されているときだと言えます。そして，この状況は，教師にとって授業改善のための大きなチャンスが訪れていると言ってもいい局面なのかもしれません。

授業改善のための学習評価のコンセプト

　長期休校により予定されていた年間指導計画を修正する必要が出てきました。新しい外国語の教科書も想定されていた進め方を見直さなければなりません。また，話す活動の多くが制限されるために，必然的に聞く活動が多くなりますが，ただ既製の音声・映像教材の英語を聞かせているだけではすぐに飽きられてしまいます。子どもにとって「生きた英語」にするためには，質の高い「聞くこと」の指導を考え直さなければならないかもしれません。

　ただ，学習指導要領に示されている資質・能力を身に付けるという根本が変わることはありませんから，学年や領域別の目標や評価規準は基本的にはそのままです。用意されていたマニュアルに沿って外国語の授業を進めていこうと考えていた先生も，目の前の子どもたちのために，自校のIT環境，授業時間数，言語活動を行う環境・設備等を考慮して，指導の重点化を図らなければなりません。指導と評価は一体ですから，これは学習評価の改善の基本的な方向性として挙げられている「必要性・妥当性が認められないものは見直していくこと」へとつながります。このことと，学習評価を「児童の学習改善」や「教師の指導改善」につながるものに改善していくことが，学習指導要領改訂の趣旨を実現することになるわけです。

小学校英語の指導と評価を一体化するために

　令和2年3月，国立教育政策研究所から「『指導と評価の一体化』のため

の学習評価に関する参考資料(小学校外国語・外国語活動)」が出され，単元に応じた学習評価について五つの事例を紹介しています。この『参考資料』では，評価規準の設定例を詳細に示すのではなく，単元の評価規準の設定から評価の総括までの手順を示すことを基本としており，これによって一連の流れのなかで，評価結果が児童の学習改善や教師の指導改善に生かされるように配慮されています。つまり，これまで以上に「指導と評価の一体化」に意識が向けられた資料となっているわけです。本書を読まれる先生方の多くはすでにこの『参考資料』に目を通されていると思いますが，限られた紙幅のなかで書かれた『参考資料』についてさらに詳しい解説を求める先生方や，具体的な実践例を通して学習評価を確認していきたいという先生方には，ぜひ本書を活用し，小学校英語の評価について理解を深めていただきたいと思います。

スマホを片手に

本年度小学校に配布された教科書は，教科書検定基準の改正により，QRコード等の二次元コードが多く掲載されるようになりました。これをスマホやタブレット端末で読み取ると，そのページに関連した資料・音声・動画等を見ることができます。新型コロナウイルス感染拡大の影響から GIGA スクール構想が前倒しされ，デジタル教科書や教材などのデジタルコンテンツの活用が促進されることが期待されていますが，本書においても各所に QR コードが掲載されており，複数ページを行ったり来たりしてストレスを感じることなく，また，ページ数が多い参考資料でもピンポイントでスマホの画面上で参照しながら本書を読み進めることができます。本書が，小学校英語の学習評価について学ぶことに役立つだけではなく，新しい時代の学び方に慣れることにも一助となれば幸いです。

本書においては，令和2年3月に国立教育政策研究所から出された「『指導と評価の一体化』のための学習評価に関する参考資料(小学校外国語・外国語活動)」について，略称『参考資料』を用いることとする。

総論

小学校英語の評価——その基本的な考え方

1 「目標」と「評価」の関係

1−1　新学習指導要領の考え方が取り込まれた小学校外国語科の目標

　平成29年3月に告示された小学校学習指導要領では，すべての教科等の目標について，①育成することを目指す資質・能力（何ができるようになるか）と，②教科等の特質に応じた学習過程（どのように学ぶか）を明示している。外国語科の目標「外国語によるコミュニケーションにおける見方・考え方を働かせ，<u>外国語による聞くこと，読むこと，話すこと，書くことの言語活動を通して</u>，コミュニケーションを図る基礎となる資質・能力を次のとおり育成することを目指す」においても，下線部は②に，波線部は①に該当し，さらに以下のように育むべき三つの資質・能力に沿って展開されている。

(1)　外国語の音声や文字，語彙，表現，文構造，言語の働きなどについて，**日本語と外国語との違いに気付き**，<u>これらの知識を理解する</u>とともに，読むこと，書くことに慣れ親しみ，聞くこと，読むこと，話すこと，書くことによる<u>実際のコミュニケーションにおいて活用できる基礎的な技能</u>を身に付けるようにする。→「**知識及び技能**」

(2)　**コミュニケーションを行う目的や場面，状況などに応じて**，身近で簡単な事柄について，聞いたり話したりするとともに，音声で十分に慣れ親しんだ外国語の語彙や基本的な表現を推測しながら読んだり，語順を意識しながら書いたりして，<u>自分の考えや気持ちなどを伝え合うことができる基礎的な力</u>を養う。→「**思考力，判断力，表現力等**」

(3)　外国語の背景にある<u>文化に対する理解を深め，他者に配慮しながら，主体的に外国語を用いてコミュニケーションを図ろうとする態度</u>を養う。
　　→「**学びに向かう力，人間性等**」　　　　　　（下線，波線は筆者が加筆）

QR1

なお外国語活動の目標もほぼ同様の形式となっている（QR1：外国語活動と外国語科の目標比較）。

1−2 「外国語科」の目標と「英語」の目標の関係

1−1のように「外国語科」の目標は他教科等と共通の三つの目標「知識及び技能」「思考力，判断力，表現力等」「学びに向かう力，人間性等」で整理されている一方，「英語」学習ならではの特質を踏まえ，「聞くこと」「読むこと」「話すこと［やり取り］」「話すこと［発表］」「書くこと」の五つの領域別にCAN-DO形式の目標を設定することにもなっている。

つまり，五つの領域別目標の指導を通して，教科目標の(1)および(2)に示す資質・能力を一体的に育成するとともに，その過程を通して，(3)に示す資質・能力を育成することになっている。

1−3 学習評価の基本的な枠組み

各教科における評価は，学習指導要領に示す各教科の目標や内容に照らして学習状況を評価する**目標準拠評価**となっている。ただし，観点別学習状況の評価になじまず個人内評価の対象となるものについては，児童・生徒が学習したことの意義や価値を実感できるよう，日々の教育活動等のなかで児童・生徒に伝えることが重要である。とくに「学びに向かう力，人間性等」のうち「感性や思いやり」など児童・生徒一人ひとりのよい点や可能性，進歩の状況などを積極的に評価し児童・生徒に伝えることが重要である。この評価の基本構造を図式化すると以下のようになる。

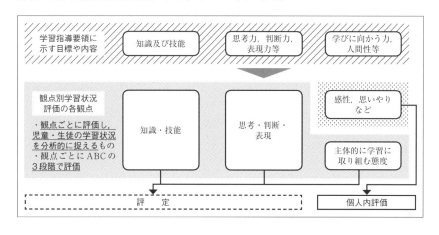

１−４　"指導と評価の一体化"と指導要録への記載

　目標と評価の関係から外国語科の五つの領域を三つの観点で評価を行うことを考えると，以下のような３×５のマトリクス表で表すことができる。

	聞くこと	読むこと	話すこと[やり取り]	話すこと[発表]	書くこと	観点別評価	評定
知識・技能							
思考・判断・表現							
主体的に学習に取り組む態度							

　この表を見ると，学年末に指導要録に「観点別評価」と「評定」を記載するためには，15の評価を行わなければならないことになるが，**年間を通じてすべての評価情報がそろっていればよく**，単元ごとにすべての領域・観点について記録に残す評価を行う必要はない。むしろ単元によってある領域にフォーカスして目標や評価を設定する方が現実的である。

　留意すべきことは，ある単元で知識だけを延々と評価するような３観点のバランスを欠いた評価にならないようにしなければならない点である。これについては，文科省が公開した『参考資料』を参照し，単元のなかでどのようなバランスで評価が位置付けられているのか確認したい（QR2：学習評価に関する『参考資料』第３編第２章）。

QR2

１−５　外国語活動の評価と指導要録への記載

　外国語科が五つの領域であるのに対して，外国語活動では「聞くこと」「話すこと［やり取り］」「話すこと［発表］」の三つの領域で評価を行う。１−２で述べた「外国語科」の目標と「英語」の目標の関係と同様，「英語」の領域別目標の指導を通して，「外国語活動」の資質・能力を育成するとしているため，評価においても領域ごとの観点別評価を行う（外国語活動の目標と英語の目標→QR3：小学校学習指導要領解説）。

QR3

　外国語活動の評価規準の作成については，外国語科の説明を参照されたい。（14頁「２　評価規準作成から評価の実施までの手順」参照）。

　また，前学習指導要領で数値による評価にはなじまないとされていたこと等を踏まえ，これまでと同様，顕著な事項がある場合に，その特徴を記入する等，**文章の記述による評価**を行う。

　なお，平成31年3月に通知された「小学校，中学校，高等学校及び特別支援学校等における児童生徒の学習評価及び指導要録の改善等について」により，これまで第5学年・第6学年において，観点別にそれぞれの学習状況を個別に文章で記述する欄を設けていたが，新学習指導要領のもとでの第3学年・第4学年における外国語活動については，評価の観点に即して，児童の学習状況に顕著な事項がある場合などにその特徴を記入する等，児童にどのような力が身に付いたかを文章で端的に記述することとなり，記述欄の簡素化が図られている（下図「指導要録参考様式」参照）。

外 国 語 活 動 の 記 録			
学年	知識・技能	思考・判断・表現	主体的に学習に取り組む態度
3			
4			

1－6　学習指導要領・指導要録における「評価」の考え方

　教師が行う学習評価には，学習前に当該単元等で必要な知識等を習得しているかを確認する「**診断的評価**」，学習の過程において個々の児童や学習集団全体の理解度などを確認する「**形成的評価**」，評価規準に即して学習状況を総括し観点別評価を行うために残す「**総括的評価**」がある。いずれも教師の指導，児童の学習の改善に生かすものであるが，指導要録に関して求められるのは，記録に残す「総括的評価」の部分である。

　これに対し，「**自己評価**」や「**相互評価**」は児童が行う学習活動の一環として，自身のよい点や可能性に気付くことにより，学習意欲の向上を図るものであり，点数化して教師が行う評価に用いることなどは不適切である。

2　評価規準作成から評価の実施までの手順

　どの教科の評価規準作成方法もほぼ共通しているが,外国語科に関しては,これまで述べてきたように領域ごとの目標が入り,「〜できるようにする」というCAN-DOリスト形式による学習到達目標となるため,評価規準作成の手順も他教科と異なる。その手順を図にまとめると以下のようになる。

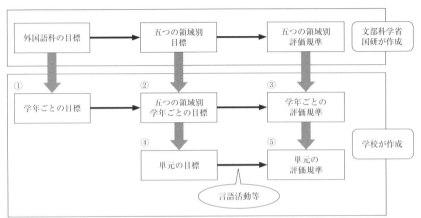

　学習指導要領においては領域別で目標を示しており,学年ごとの目標を示していない。このため,「外国語科の目標」「五つの領域別目標（QR4）」「五つの領域別評価規準（QR5）」等に基づき,各学校が子どもの実態等に応じて学校の「学年ごとの目標」「五つの領域別学年ごとの目標」「（五つの領域別）学年ごとの評価規準」を設定しなければならない（図中①→②→③）。②での記述は,資質・能力の三つの柱を総合的に育成する観点から,各々を三つの柱に分けずに,1文ずつの能力記述文で示すが,③での記述は,「五つの領域別評価規準」を踏まえて3観点で示す。

QR4

QR5

　次に,④「単元の目標」を「五つの領域別学年ごとの目標」を踏まえて設定し,⑤「単元の評価規準」を「単元の目標」を踏まえて設定する。④と⑤では,取り扱う事柄や言語材料,言語活動において設定するコミュニケーションを行う目的や場面,状況,取り扱う話題などに即して設定する（QR6参照）。

QR6

　最後に,実際の評価まで以下のような手順で進めることが考えられる。

⑥「指導と評価の計画」を作成する。

⑦授業を実施する。

⑧観点ごとに総括を行う。

　なお，紙面の関係上，外国語活動の評価規準作成の手順を示さないが，評価規準の基本的な考え方は外国語科と大きく変わらない。（QR7・QR8 参照。知識・技能については，外国語活動の特質に鑑み，知識と技能を分けずに示している点に留意したい）。

3　観点別評価規準作成のポイント

　1章から「聞くこと」「読むこと」「話すこと［やり取り］」「話すこと［発表］」「書くこと」の領域別に，評価の基本的な考え方や評価の進め方をていねいに説明するため，ここでは，「知識・技能」「思考・判断・表現」「主体的に学習に取り組む態度」の3観点について評価規準を作成する際のポイントを共通理解しておきたい。

3−1　知識

　小学校学習指導要領「2　内容〔第5学年及び第6学年〕」の〔知識及び技能〕における「⑴英語の特徴やきまりに関する事項」（QR9）に記されていることを指しており，それらの事項を理解している状況を評価する。

3−2　技能

　『参考資料』9頁「⑴『知識・技能』の評価について」（QR10）にあるように，新学習指導要領においても，生きて使える知識・技能の習得をめざしている。そのため，「話すこと［やり取り］」「話すこと［発表］」の場合であれば，指導する単元で扱う言語材料が提示された状況で，それらを用いて自分の考えや気持ちなどを伝え合ったり話したりする技能を身に付けている状況か否かを評価するのではなく，使用する言語材料の提示がない状況において，それらを用いて自分の考えや気持ちなどを伝え合ったり話したりする技能を身に付けている状況か否かについて評価する。

　また，小学校学習指導要領「⑴英語の特徴やきまりに関する事項」（QR9）のア「音声」に記されている㋐〜㋔の特徴を捉えて話すことについては，それ自体を観点別評価の規準とはしないが，ネイティブ・スピーカーや英語が

堪能な地域人材を活用したり，デジタル教材等を活用したりして適切に指導を行う。

3−3 【観点ごとのポイント】における「技能」「思考・判断・表現」「主体的に学習に取り組む態度」の比較

「外国語科『内容のまとまり（五つの領域）ごとの評価規準』を作成する際の【観点ごとのポイント】」に示されている「技能」「思考・判断・表現」「主体的に学習に取り組む態度」を比較すると3観点で共通する部分が多く，相違点は一部だけになる（QR11 のマーカー部分）。

QR11

　つまり，観点の基となる三つの資質・能力がそれぞれ不可分に結びついているという性質を持っていることが分かる。そのため，「知識・技能」と「思考・判断・表現」を線引きするいくつかの妥当な考え方はあるものの，3観点を明確に線引きすることはむずかしいことも念頭に置かなければならない。

《参考文献》

⑴　文部科学省（2019）．「児童生徒の学習評価の在り方について（報告）」（中央教育審議会初等中等教育分科会教育課程部会）

⑵　文部科学省（2019）．「小学校，中学校，高等学校及び特別支援学校等における児童生徒の学習評価及び指導要録の改善等について（通知）」

⑶　国立教育政策研究所（2020）．「『指導と評価の一体化』のための学習評価に関する参考資料（小学校外国語・外国語活動）」

⑷　国立教育政策研究所（2011）．「小学校外国語活動における評価方法等の工夫改善のための参考資料」

⑸　国立教育政策研究所（2019）．「学習評価の在り方ハンドブック（小・中学校編）」

⑹　文部科学省（2020）．『初等教育資料』3月号，東洋館出版社．

⑺　文部科学省（2017）．「小学校外国語活動・外国語研修ガイドブック」

⑻　村川雅弘・池田勝久（編著）（2010）．『小学校外国語活動パーフェクトガイド』教育開発研究所．

小学校英語の評価に関するQ&A

Q1 rやlの違いやthが正しく発音できているかを評価する自信がありません。

A1 本書15頁下から3行目以降にも書かれているように，「音声」に関する(ア)現代の標準的な発音，(イ)語と語の連結による音の変化，(ウ)語や句，文における基本的な強勢，(エ)文における基本的なイントネーション，(オ)文における基本的な区切りについては指導を行いますし，これらはどの教科書にも取りあげられています。音声面の指導が苦手な先生方も，ALTや日本人英語講師に協力してもらったり，映像もしくは音声教材を活用したりして，音声面の知識・技能を身に付けさせる指導を行ってください。ただし，子どもたちにとって母語ではない外国語を人前で正確に話すことは負荷が大きいことを考慮して，記録に残す評価は行いません。したがって，評価規準にこれらの項目が入らないことにも留意してください。

Q2 学年ごとの目標を学校で設定するのはむずかしくないですか？

A2 本書14頁にも書かれているように，各学校で「学年ごとの目標」の設定が求められており，2学年を通じて外国語科の目標の実現を図るようにしなければなりません。ただし，外国語科の学年ごとの目標については，第5学年，第6学年でそれほど大きな違いがないのではないかと思います。また，五つの領域別の学年の目標についても同様に大きな違いはありませんから，あまりむずかしくとらえずにぜひ校内で検討して目標設定してみてください。

Q3 1時間の授業や一つの単元でどのくらい評価をすればよいのでしょうか？

A3　毎時間の授業のなかで指導を行う以上，指導に対しての評価は当然
行います。1時間の指導案のなかに複数回の評価場面があることもおかし
なことではありませんが，その場で記録に残す評価が複数回設定されてい
るとしたら，記録を残すことに時間を奪われてしまい，あまり現実的であ
るとは言えません。また，単元の1時間目から記録に残す評価が設定され
ている単元計画も，外国語の力が子どもたちにすぐには身に付かないこと，
初期の外国語教育において間違えながら言語を習得することの大切さを考
えると理に合わないかもしれません。子どもの学習改善や指導者の指導改
善の観点からも学習評価のあり方を十分検討してください。たとえば，単
元の導入期は形成的評価のみで記録に残す評価は行わないという単元計画
も十分考えられると思います。

Q4　ALTや外部人材に指導を任せて学級担任が評価してよいですか？

A4　学習指導要領改訂の趣旨を実現するためには，学習評価のあり方が
きわめて重要になってきます。学習評価を真に意味のあるものとし，指導
と評価の一体化を実現することがますます求められているわけなのです。
そうであれば，ALTや日本人英語講師に指導を任せて，担任の先生が後
ろでその指導を見ていたり，子どもに注意をしたりするだけの場合，担任
の先生が評価をすることはありえません。また，担任の先生が指導に入ら
ず，英語専科のみが指導をしている場合も担任の先生が評価することはあ
りえません。

Q5　主体的に学習に取り組む態度の評価は必ず知識・技能や思考・判断・
表現の評価と合わせて評価しなければいけないのですか？

A5　一つの活動のなかで，「知識・技能」や「思考・判断・表現」の評価
とともに「主体的に学習に取り組む態度」の評価を見取ることは十分に考
えられます。逆に「知識・技能」や「思考・判断・表現」の力が付いてい
ない段階で，「主体的に学習に取り組む態度」だけを評価をすることはあ
りえません。外国語教育において知識・技能を実際のコミュニケーション
の場面において活用し，考えを形成・深化させ，話したり書いたりして表

「主体的に学習に取り組む態度」の評価のイメージ

○「主体的に学習に取り組む態度」の評価については，①知識及び技能を獲得したり，思考力，判断力，表現力等を身に付けたりすることに向けた粘り強い取組を行おうとする側面と，②①の粘り強い取組を行う中で，自らの学習を調整しようとする側面，という二つの側面から評価することが求められる。

○これら①②の姿は実際の教科等の学びの中では別々ではなく相互に関わり合いながら立ち現れるものと考えられる。例えば，自らの学習を全く調整しようとせず粘り強く取り組み続ける姿や，粘り強さが全くない中で自らの学習を調整する姿は一般的ではない。

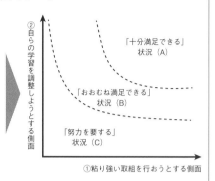

ここでの評価は，その学習の調整が「適切に行われるか」を必ずしも判断するものではなく，学習の調整が知識及び技能の習得などに結びついていない場合には，教師が学習の進め方を適切に指導することが求められます。

「自らの学習を調整しようとする側面」とは…

自らの学習状況を把握し，学習の進め方について試行錯誤するなどの意思的な側面のことです。評価に当たっては，児童生徒が自らの理解の状況を振り返ることができるような発問の工夫をしたり，自らの考えを記述したり話し合ったりする場面，他者との協働を通じて自らの考えを相対化する場面を，単元や題材などの内容のまとまりの中で設けたりするなど，「主体的・対話的で深い学び」の視点からの授業改善を図る中で，適切に評価できるようにしていくことが重要です。

※「学習評価の在り方ハンドブック」より

現することを繰り返すことで，子どもに自信が生まれ，「主体的に学習に取り組む態度」がいっそう向上するのです。

　また，「主体的に学習に取り組む態度」の評価に際して，気をつけなければならないことがあります。これまでの「関心・意欲・態度」の観点においても，子どもが手をあげている回数や子どもがノートをしっかり出したかどうかなどを評価材料にしていたこともあったかもしれませんが，学習内容を十分に理解している子どもが手をあげなかったとしても「関心・意欲・態度」がないわけではありません。このような行動面や性格の傾向を評価するということではなく，「主体的に学習に取り組む態度」に係る観点の趣旨に照らして，知識及び技能を習得したり，思考力，判断力，表現力等を身に付けたりするために，自らの学習状況を把握し，学習の進め方について試行錯誤するなど自らの学習を調整しながら，学ぼうとしているかどうかという意思的な側面を評価することが重要になってきます（上の図参照）。

したがって，子どもが見通しを立て，振り返りを行っているかなど（自己調整）を確認するための材料の一つとして振り返りシートなどを活用することが考えられますが，その際には，ノートやワークシートに書かれたものだけで評価するのではなく，知識・技能や思考・判断・表現等の状況を踏まえることが必要となることに十分留意してください。

Q6 知識・技能と思考・判断・表現をどう線引きしたらよいでしょうか？

A6 本書16頁にも書かれているように，観点の基となる三つの資質・能力はそれぞれ不可分に結びついているという性質をもっていることから，「知識・技能」と「思考・判断・表現」を明確に線引きすることはむずかしいと言えます。ただし，文科省が公開した『参考資料』からも判断できるように，「知識・技能」と「思考・判断・表現」を線引きするいくつかの妥当な考え方を想定することができます。

たとえば，「話すこと［やり取り］」「話すこと［発表］」の評価において，「知識・技能」は，子どもが既習の語句や表現（当該単元で扱っているもの）を正確に使って伝え合っていたり，話したりしているかどうかを見取ります。その見取る活動に，コミュニケーションを行う目的や場面，状況が必ずしも設定されているとは限りません。一方，「思考・判断・表現」は，子どもがコミュニケーションを行う目的や場面，状況に応じて適切に既習語句や表現（当該単元で扱っているか否かにかかわらず，これまでに学習したもの）を使って伝え合っていたり，話したりしている状況を評価します。

このような妥当な考え方はあるものの，「○は観点△で見る」などという視点のみで評価することがないように配慮してください。

Q7 「書くこと」の評価規準に「例文を参考に」という文言がないのはなぜでしょうか？

A7 領域別の目標（QR1）の「書くこと」イには，「例文を参考に，音声で十分に慣れ親しんだ簡単な語句や基本的な表現を用いて書くことができるようにする」と記されています。ところが，領域別評価規準（QR2）の「書くこと」の「思考・判断・表現」には，「自分のことや身近で簡単な事柄

QR1

QR2

について，音声で十分に慣れ親しんだ簡単な語句や基本的な表現を用いて書いている」と記されていて，「例文を参考に」という文言が含まれていません。

　これは，基本的には，例文を参考に書いている姿を評価するという理解でよいのですが，「例文を参考に」しなくても書くことができる子どももいることを想定して，記録に残す評価場面で必ずしも「例文を参考に」書いている状況を評価するものではないということだと考えてください。

Q8　「話すこと［やり取り］」の評価にSmall Talkを入れてもよいでしょうか？

A8　「小学校外国語活動・外国語研修ガイドブック」で解説されているSmall Talkは，当該単元で扱っている語句や表現を使うことを必ずしも求めていません。そのため，**Q6**の「話すこと［やり取り］」の例で説明している「知識・技能」と「思考・判断・表現」の違いを参考にして，「知識・技能」で評価するのか，「思考・判断・表現」で評価するのかを十分に検討してください。

Q9　業者テストを評価に使ってもよいのでしょうか？

A9　業者が作成したペーパーテストを使用して評価を行うことを否定しませんが，観点の趣旨を十分に理解したうえで，そのペーパーテストが授業でやってきたことと合っているのかを十分吟味して使用してください。ペーパーテストで評価できる観点は，「知識・技能」だけでなく「思考・判断・表現」も評価できる可能性があります。文科省が公開した『参考資料』（QR3）87頁では「チャレンジクイズ」という名称で紹介され，その設問２には「読むこと」の「思考・判断・表現」の評価資料が掲載されています。

QR3

Q10　言語活動を通して評価をしていくのですが，この言語活動の考え方は他教科で用いられている言語活動と同じととらえてよいでしょうか？

A10　平成20年の答申において，学習指導要領改訂に当たって充実すべ

き重要事項の第1として言語活動の充実が挙げられ，各教科等を貫く重要な改善の視点として示されていました。その際，言語に関する能力を育成する中核的な国語科において，「話すこと・聞くこと」「書くこと」「読むこと」のそれぞれに記録，要約，説明，論述といった言語活動を例示して説明していましたが，国語科以外の各教科等においても，教科等の特質に応じた言語活動の充実を求めていました。

　では，新学習指導要領では，外国語活動や外国語科の特質に応じた言語活動はどのような活動を指すのでしょうか。「小学校外国語活動・外国語研修ガイドブック」では，外国語の言語活動は「実際に英語を用いて互いの考えや気持ちを伝え合う」活動を意味するとされています。つまり，外国語活動や外国語科で扱われる活動すべてが言語活動というわけではありません。言語活動は，言語材料について理解したり練習したりするための指導と区別されています。実際に英語を使用して互いの考えや気持ちを伝え合うという言語活動のなかでは，情報を整理しながら考えなどを形成するといった「思考力，判断力，表現力等」が活用されると同時に，英語に関する「知識及び技能」が活用されます。つまり，英語を使わないで，日本語だけで情報を整理しながら考えなどを形成する活動は，外国語活動や外国語科において言語活動とすることはむずかしいでしょう。一方，英語を使っているけど，考えや気持ちを伝え合うという要素がない活動も言語活動とすることはむずかしいでしょう。たとえば，発音練習や歌，英語の文字を機械的に書く活動は，言語活動ではなく「練習」です。「練習」は言語活動を成立させるために重要ですが，「練習」だけで終わることのないように留意してください。また，記録に残す評価をするために言語活動が単元の終末に集中するのではなく，記録に残す評価は行わなくても単元の最初から積極的に言語活動を取り入れるなど，単元を通して継続的でバランスよく言語活動を設定する単元計画が求められます。

「学習評価の在り方ハンドブック」にも「Q＆A ―先生方の質問にお答えします―」という頁（QR4）があります。すべての教科に共通する内容ですので参考にしてみてください。

QR4

1章

領域ごとに理解する
小学校英語の評価

「聞くこと」の評価をどう進めるか

岐阜大学教授　**巽　徹**

1　小学校外国語科における「聞くこと」の評価規準作成

　総論で既述のとおり，英語の目標は五つの領域別にCAN-DO形式の目標が設定されており，「『指導と評価の一体化』のための学習評価に関する参考資料」（以下，『参考資料』という）では，その目標を踏まえた「聞くこと」の評価規準例（QR1）が示されている。そして，単元ごとの評価規準は，外国語科の目標，領域別の目標・評価規準に基づき，各学校が児童の実態に応じて作成することになる。『参考資料』には，評価規準を作成する際の観点ごとのポイントがまとめられているので（QR2），単元の評価規準作成の際に参考にしたい。

QR1

QR2

2　「聞くこと」の評価事例の考察

QR3

　次に，『参考資料』の学習評価事例1（QR3）を参考にしながら，外国語科の「聞くこと」の評価について具体的に考えていきたい。

> 単元名　We Can! 1 Unit 2「When is your birthday?」（第5学年）
> 評価方法　行動観察・ワークシート記述分析

　以下は，『参考資料』に提示されているUnit 2における「聞くこと」の評価規準である。

	知識・技能	思考・判断・表現	主体的に学習に取り組む態度
聞くこと	〈知識〉 月日の言い方や，I like/want ～．Do you like/want ～? What do	相手のことをよく知るために，誕生日や好きなもの，欲しい	相手のことをよく知るために，誕生日や好きなもの，欲しい

you like/want? When is your birthday? その答え方について理解している。〈技能〉誕生日や好きなもの，欲しいものなど，具体的な情報を聞き取る技能を身に付けている。	ものなど，具体的な情報を聞き取っている。	ものなど，具体的な情報を聞き取ろうとしている。

　「聞くこと」は「五つの領域の中で基盤となる領域」であるとされているように（「小学校学習指導要領（平成29年告示）解説　外国語活動・外国語編」101頁），どの単元においても「聞くこと」の活動が多く設定されている。本単元でも「Let's Listen（LL）」「Let's Watch and Think（LW&T）」「Story Time（STIME）」などの活動で，「聞くこと」による豊かなインプットの提供が重視されている。「聞くこと」の評価では，上記すべての活動において「記録に残す評価」を行うのではなく，単元計画のなかで，見通しを持って評価を行うことが大切である。事例1では，全7時間の授業計画のうち，第4時に「知識・技能」について，第5時に「思考・判断・表現」および「主体的に学習に取り組む態度」について「記録に残す評価」を行うこととされ，評価場面例や観点別評価計画が示されている（QR4）。さらに，「聞くこと」における評価の総括についても，観点別の「評価場面」「方法」「規準」を示したうえで総括の具体例がまとめられている（QR5下）。

QR4
QR5

　第4時における「知識・技能」の評価場面では，「指導者の誕生日についての短い話を聞き，聞き取ったことをワークシートに記入する」という活動を通して評価が行われている。指導者の話は，第1時から第4時までのLL 1〜3，LW&T 1〜4などに登場したさまざまな英語表現を含んでおり（QR6），その内容を聞き，指導者の誕生日や好きなもの，欲しいものを聞き取れているか「行動観察」や「ワークシートの記述分析」によって評価するとされている。指導者の話は「誕生日：September 28th，欲しいもの：a new big blue bag，理由：今のカバンがold and small，好きな色：blue」などの情報を含むものであり，本事例では，児童2名の評価例が示されている。児童1は，指導者の話を聞いて，ワークシートに「たん生日：9月28日」「好きな色：青色」「ほしいもの：青いかばん」と書いていたので，「おおむね満足でき

QR6

る」状況⒝と判断している。児童２は、「たん生日：８月28日」「好きな色：青色」「ほしいもの：小さいかばん」と書いていた。月名と欲しいものの聞き取りが正確さに欠けることから、「努力を要する」状況⒞と判断している。

　上記の事例で、状況⒞と判断された児童２の学習改善につなげるために、児童２に対して、LW&T４を再び視聴し繰り返し聞き取りの機会を提供することや「欲しいもの」を話題にしたSmall Talkを行うこと、また、第６時のACT２のなかで助言や支援を行うことなどの「教師の指導改善のためのポイント例」が示されている。その結果、児童２の学習状況に改善が見られた場合は、その見取りを「知識・技能」の評価に加味し「おおむね満足できる」状況⒝として「記録に残す評価」とするとされている（QR5上）。つまり、一時の見取りのみを評価結果とせず、その後の継続的な指導により単元内で学習状況に改善が見られた場合には、改めて「記録に残す評価」として加えるなど、児童の学びの状況を継続的に観察していく姿勢が大切である。

　事例１では、「思考・判断・表現」「主体的に学習に取り組む姿勢」に関する評価に関して、LW&T５において「行動観察・テキスト記述分析」を通して行うとされている。これらの評価では「コミュニケーションを行う目的や場面、状況などに応じて」聞くことが規準となることから、本単元では、「相手のことをよく知るために、誕生日などについて短い話を聞いて、具体的な情報を聞き取っている（聞き取ろうとしている）」ことが評価規準として示されている。これらの評価においては、単に聞き取れた具体的な情報の正確さのみに焦点を当てて記録するのではなく、話されている場面・状況などを踏まえて会話の内容をより深く理解しているか、また、ACT２などのやり取りを観察し見取れる情報を活用し「記録に残す評価」を行うことになる。

3　中学年外国語活動での「聞くこと」の評価

　外国語活動で、顕著な学習状況の特徴などを文章で記述することとされているが、児童の学習改善や教師の指導改善につなげるという評価の基本的な考え方は、外国語科の評価と変わらない。以下、『参考資料』の学習評価事例６（QR7）を参考にしながら、外国語活動での「聞くこと」の評価について考察する。

単元名　Let's Try! 2 Unit 5「Do you have a pen?」（第4学年）

評価方法　行動観察・テキスト記述分析・振り返りシート点検

　小学校外国語科と同様，単元の前半（第1時，第2時）では，「聞くこと」の活動を英語のインプットを提供する場面と捉え，児童が文房具など学校で使う物や持ち物の言い方などの表現に繰り返し出会いながら慣れ親しませるようにしている。本事例では，「聞くこと」（「知識・技能」「思考・判断・表現」）の評価を，第3時（全4時間）のLW&T 2の活動を通して行うこととしている。LW&T 2は，世界の子どもたちの鞄の中身を予想したうえで映像を視聴し，分かったことを発表したり，テキストに記入したりする活動である。

　本事例では，児童1〜児童4の4名の例が示されている（QR8）。「知識・技能」については，授業中の発言やテキストの記述から，持ち物の言い方やI have/don't have 〜 .の表現について，よく理解していることが見取られた児童1，児童2，児童3について，評価記録簿等の「知識・技能」欄にチェックを入れ記録している。児童4は，理解を示す発言や記述がなく，他の児童の発言を聞いた後にその内容をテキストに記述していたことから，「知識・技能」は十分であるとはいえない状況であるとしている。そこで，児童4には，次のLet's Play 2の活動で個別の支援を継続するなど指導改善のポイントが示されている。

　「思考・判断・表現」については，児童が，映像をヒントにしながら世界の子どもたちが学校に持っていく物，持っていかない物を，「自分達の持ち物と比較しながら聞いている」様子やテキストの記述を見取ることとしている。事例では，児童1および児童2の発言に「自分達の持ち物と比較しながら聞いている」内容が見られたことから，評価記録簿等の「思考・判断・表現」欄にチェックを入れ，「自分と比べながら聞く（発言）」「外国の学校生活を考えながら聞く（発言）」と記録を残すとされている（QR8）。このように児童の学習状況をていねいに見取り，必要に応じて指導の改善を図る中学年での取り組みが，高学年での外国語科の学びに無理のない接続を可能にするものと考える。

「読むこと」の評価をどう進めるか

ノートルダム学院小学校英語科ヘッドスーパーバイザー 田縁 眞弓

1 小学校外国語科における「読むこと」の評価規準作成

　総論で既述のとおり，英語の目標は五つの領域別にCAN-DO形式の目標が設定されている。ここでは，「読むこと」の目標を確認しておきたい。その目標を踏まえた「読むこと」の評価規準例が示されている（QR1）。ここで
留意すべきことは，文末が他の目標が「できるようにする」とあるのに対して，読むことのイのみ「分かるようにする」となっている点である。それは，たとえ音声で十分慣れ親しんだ簡単な語句や表現であったとしても，書かれたものを見て音声化しその意味を分かることは，児童にとってかなり負荷が高いことによる（QR2）。「読むことの評価」においては，「音声化」により意
味が分かることを読むことの「思考・判断・表現」の評価規準とし（『参考資料』39頁），言語外情報なども頼りに文字の音（語のなかで用いられている場合の文字が示す音の読み方）を推測させ，音声で十分に慣れ親しんだ簡単な語句や基本的な意味が分かるようにすることが目標である。また，目標アでは，「活字体で書かれた文字を識別し，その読み方の発音ができる」（この場合は，名称読み）ことを目標としている。

2 「読むこと」の評価事例の考察

単元名　We Can! 2 Unit 4「I like my town.」（第6学年）
評価方法　行動観察，ワークシート②記述分析，チャレンジシートの記述分析
評価例　Activity 2で，作成したオリジナルミニポスターを互いに読み合い，分かったことをワークシート②に書くという活動（チャレンジクイズを複数の単元シートを通した評価として実施し，その記述分析を行う）

　次に，『参考資料』の学習評価事例4（77〜87頁）を参考にしながら，外国語科の「読むこと」の評価について具体的に考えていきたい。
　以下は，『参考資料』に提示されているUnit 4における「読むこと」の評価規準である。

	知識・技能	思考・判断・表現	主体的に学習に取り組む態度
読むこと	〈知識〉 施設・建物を表す語句やWe（don't）have 〜．We can enjoy/see 〜．I want 〜．の表現，終止符の基本的な符号について理解している。 〈技能〉 自分たちなどが住む地域について，音声で十分に慣れ親しんだ語句や表現で書かれた友達の考えや気持ちなどを読んで意味が分かるために必要な技能を身に付けている。	自分たちなどが住む地域について，よりよく理解するために，音声で十分に慣れ親しんだ語句や表現で書かれた友達の考えや気持ちなどを読んで意味が分かっている。	複数単元にまたがって評価を行うため，次の単元で記録に残す評価を行うこととする。

　事例の評価例は以下ワークシート②を参照し，記録に残す「知識・技能」および「思考・判断・表現」として示されている（86頁）。児童1は，友だちの書いたワークシート②を読み，町にあるものとして「大きい公園」と書き，よいと思う理由として「ジョギングが楽しめる」，町や友だちのことで分かったこととして，「この町には，大きなショッピングセンターがあるからいいと思っていたけれど，○○さんが書いているとおり，大きな公園があることもこの町のいいところだと思う。それに，図書館があると，みんなが本を読めてよりいいと思う。○○さんが，本が好きなことを初めて知った」と記していることから，このポスターに記載されたことの意味が十分分かっており，ポスターを読むことで町のことや相手のことについてより理解ができていることが読み取れると判断し，「知識・技能」および「思考・判断・表現」において「十分満足できる」状況(a)と判断する。一方，児童2は，「公園」は識別してはいたが，楽しめることについて記述がなかったことから，

「知識・技能」において「おおむね満足できる」状況(b)とした。

<【Activity 2】p.32 で使用するワークシート②例>
　友達のオリジナルミニポスターを見て，分かったことをワークシート②に書きとめさせる。

〈例〉友達のオリジナルミニポスター　　　　　〈例〉ワークシート②

　また，「思考・判断・表現」においては，町や友だちのことで分かったこととして「私も大きな公園があるからこの町がいいと思う。図書館はなくても，本屋さんがあるからいいと思う」と町にあるものやないものについてのみ考えを書いていたので，「おおむね満足できる」状況(b)と判断している。すなわち，ここでは思考・判断・表現力として，書かれた内容に関し，事実だけでなくそこから書き手の思いを理解できることをあげ「十分満足できる」状況としていることに注目したい。また，「読むこと」に関しては児童の個人差に配慮し，「努力を要する」状況(c)と評価した児童がいた場合には，事後指導として音声とともに文字を添えた絵カード，文等に何度も触れさせる場面を設けるなどして，「おおむね満足できる」状況(b)となるよう，意図的な支援や指導を継続して行う。児童同士がお互いの作品を見合うこの活動は，与えられた児童の作品が異なることで条件が異なり，その妥当性や客観性を鑑み単元や学期の終わりに全員に同じ条件でのクイズを行い，その結果を総括的に評価することが提案されている。

また複数の単元を通したクイズ例が，学期末に実施する読みの評価（「思考・判断・表現」）として掲載されている（QR3, 87頁）。児童は，Markという新しい友だちの自己紹介（すでに音声で何度も慣れ親しんでいる表現で書かれたもの）を読み，内容を理解するだけでなく，彼を喜ばせるためのアイデアを選ばせることで，児童の「思考・判断・表現」の評価を試みている。

3　「読むこと」の評価方法

評価事例では，「読むこと」の評価方法として，行動観察・ワークシート記述分析が挙げられている。事例ではイの目標を達成するための「知識・技能」ならびに「思考・判断・表現」の評価方法が示されているが，「読む活動」をいかにして目的を持った言語活動とするかが大切な視点になるだろう。

また，アの目標に向けては，「ALTに自分の名前のスペルを伝えよう」といったタスク活動を行い，その評価ルーブリックを作成し，パフォーマンス評価を行うなど数々の評価方法が考えられる（2章のノートルダム学院小学校QR3〈65頁〉を参照）。

個人差が出やすい「読むこと」の指導においては，児童に自らの学びを把握させ，粘り強く次の目標へ向かう力を養う必要もある。事例の場合であれば，「友だちの考えや気持ちなどを読んで意味が分かりましたか？」と評価規準にあった問いかけを活動後に行う（QR4）。

「言語外情報を伴って示された簡単な語句や基本的な表現を，児童が文字の音（語の中で用いられている場合の文字が示す音の読み方）を手掛かりに，推測して読むようにする」（『参考資料』39頁）ため，言語外情報である絵が十分に与えられる絵本の活用や，読み聞かせで音声に慣れ親しませてから読みへと導く指導とその評価も今後は考えられる。読むことの評価は，「すべてわかる」「正確に理解できる」をめざすものではないことに留意し，読みの力が今後大きく花開くために，蒔いた種に毎日水をやるような，ていねいな児童を励ます評価，形成的評価を中心として重ねていきたい。

「話すこと［やり取り］」の評価を どう進めるか

琉球大学名誉教授　大城　賢

1　小学校外国語科における「話すこと[やり取り]」の評価規準作成

　「話すこと［やり取り］」は双方向のコミュニケーションである。そのため，児童の発話には即興性が求められる。この領域の評価規準には「その場で…」という文言が「知識・技能」および「思考・判断・表現」の観点のなかに入っている(QR1)。評価においても，他の領域のようにワークシートで一斉に見取ることがきわめてむずかしいものとなる。「話すこと[やり取り]」の言語活動を計画的・継続的に行い，児童一人ひとりをていねいに見取っていく必要がある。場合によってはパフォーマンス評価も想定する必要がある（130頁参照）。

QR1

2　「話すこと［やり取り］」の評価事例の考察

　次に，『参考資料』の学習評価事例1（QR2）を参考にしながら，外国語科の「話すこと［やり取り］」の評価について具体的に考えていきたい。

QR2

> 単元名　We Can! 1 Unit 1「When is your birthday?」（第5学年）
> 評価方法　行動観察

以下は『参考資料』に提示されている単元名と評価規準である。

	知識・技能	思考・判断・表現	主体的に学習に取り組む態度
話	〈知識〉 月日の言い方や，I like/want ～．Do you like/want ～？ What do you like / want?　When is your	自分のことをよく知ってもらったり相手のことをよく知ったりするため	自分のことをよく知ってもらったり相手のことをよく知ったりするため

すこと［やり取り］	birthday?，その答え方について理解している。 〈技能〉 誕生日の好きなもの，欲しいものなどについて，I like/want ～ . Do you like/want ～？ What do you like / want ～？ When is your birthday? 等を用いて，考えや気持ちなどを伝え合う技能を身に付けている。	に，自分や相手の誕生日や好きなもの，欲しいものなどについて，お互いの考えや気持ちなどを伝え合っている。	に，自分や相手の誕生日や好きなもの，欲しいものなどについて，お互いの考えや気持ちなどを伝え合おうとしている。

　事例1の第6時においては［やり取り］の「記録に残す評価」が「知識・技能」の観点から示されている。指導者は児童が誕生日に欲しいものなどを伝え合う様子を観察し記録に残すことになっている。

　事例1の評価規準の「知識・技能」の欄には具体的な表現（I like/want ～ . Do you like/want ～？ What do you like/want? When is your birthday?）が示されている。『参考資料』では「知識・技能」は「使用する言語材料の提示がない状況において，それらを用いて自分の考えや気持ちなどを伝え合ったり話したりする技能を身に付けている状況か否かについて評価する」（30頁，下線筆者）と解説している。「それらを用いて」というのは当該単元の言語材料を指していると考えられる。「使用する言語材料の提示がない状況において」というのは，「Do you like ～？」という表現を示したうえで，それを使うことができるかどうかを評価するのではなく「好きなものや欲しいものなどについて尋ねたり答えたりする」場面において，Do you like ～？という表現が使えるかどうかを評価していくことになる。一見すると同じことのように見えるが，言語材料を示して表現させる場合はパターンプラクティスのように，語を入れ換えるだけの操作となる。しかし言語材料を示さない場合は，実際の場面で知識・技能が活用できるかどうかを評価することになる。「知識・技能」は文脈と切り離して個別に評価するのではなく，この事例のように具体的な場面を通して，その表現が使えるまでになっているかどうかを評価することになる。

　第7時では［やり取り］の「記録に残す評価」が「思考・判断・表現」と「主体的に学習に取り組む態度」の二つの観点から示されている。ここでは「自

分のことをよく知ってもらったり相手のことをよく知ったりするために，誕生日の好きなもの，欲しいものなどについて尋ねたり答えたりして伝え合っている（伝え合おうとしている）」活動が評価の場面となっている。そこで，指導者は児童が伝え合う様子を観察し記録に残すことになる。

『参考資料』では，「思考・判断・表現」（［やり取り］）においては，「コミュニケーションを行う目的や場面，状況などに応じて，自分の考えや気持ちを伝え合っている状況を評価する」（一部省略，31頁）と説明されている。事例では「児童5は，自分のことを知ってもらったり相手のことをよく知ったりするために，既習語句や表現を使って誕生日や好きなもの，欲しいものなどを尋ねたり答えたりしようとし，実際にしているので，『思考・判断・表現』において『おおむね満足できる』状況(b)とした。また，児童6については，その上にカードにない野球のことを尋ね，自分の好きなものをさらに伝えていることから，『十分満足できる』状況(a)と判断した」（一部省略，下線筆者）と記されている。「思考・判断・表現」はコミュニケーションの「目的・場面・状況」に応じて，既習表現なども使いながら［やり取り］を効果的に行うことができるかどうかを評価することになる。また，さらに詳しい内容についても説明することができるようになることがめざされている。

最後に，「主体的に学習に取り組む態度」についてである。事例1では第7時の「思考・判断・表現」の評価場面と併せて「主体的に学習に取り組む態度」についても行動観察を通して評価することになっている。評価事例として「児童4は，自分のことを知ってもらったり相手のことをよく知ったりしようという目的に向けてコミュニケーションを図ろうとする意欲は見られるので，『主体的に学習に取り組む態度』の観点では『おおむね満足できる』(b)と判断した」（下線筆者）と記されている。

また，「主体的に学習に取り組む態度」の評価においては，「意欲」に加えて今回新しく導入された考え方が「自ら学習を調整しようとする態度」である。事例1においては「行動観察」のみの評価例しか示されていないが，複数の単元を通して「振り返りカード」などを工夫・活用して，児童が自らの学習を振り返り，「知識・技能」を獲得したり，「思考・判断・表現」に繋げる意思があるかどうかを見取っていくことも必要となる。

　パフォーマンス評価の実践例については第2章で取り上げられているので参照していただきたい。

3　中学年外国語活動での「話すこと［やり取り］」の評価

　外国語活動の指導では数値での評価は残さないが，児童の学習改善や教師の指導改善につなげるという点では，外国語科の評価と変わらないと考えられる。以下，『参考資料』の学習評価事例5（QR3）を参考にしながら，外国語活動での「話すこと［やり取り］」の評価について考察する。

QR3

> 単元名　Let's Try! 1 Unit 7「This is for you.」（第3学年）
> 評価方法　行動観察・振り返りシート点検

　本単元で扱われる言語材料は「What do you want? ～, please」である。全5時間の単元計画のなかで前半の3時間は「聞く」活動を十分行いながら，クイズやゲームなどを通して，本時の「やり取り」で使う表現等に十分に慣れ親しませる活動が行われている。それを踏まえて第4時と第5時において「やり取り」の活動を設定し，記録に残す評価を行うことになる。

　「知識・技能」が本単元で扱っている表現を活用できるかどうかにフォーカスしているのに対し，「思考・判断・表現」においては「友達に感謝の気持ちを表す…」という目的に応じて既習の表現も使いながら効果的に相手に伝えるような工夫をしているかにフォーカスして評価することになる。

　「主体的に学習に取り組む態度」については，「『思考・判断・表現』と同様の姿をメモにとるが，加えて，児童が友達のやり取りを見て，その良さを取り入れたり，工夫したりしている特徴的な様子も見取るようにする」（90頁，下線筆者）と記されている。意欲的な姿を捉えるとともに，今回の評価に新しく取り入れられた「自らの学習を調整する能力」（下線の部分）にも配慮することが大切である。なお，複数の単元を通して，「振り返りシート」も活用しながら児童の様子を見取っていくことも求められる。

　中学年においては，このような活動の場面で児童名簿などにチェックを入れたり，特徴的なことをメモしたり，振り返りシートを活用したりして，蓄積された記録を基に指導要録では文章で児童の様子を記載することになる。

「話すこと［発表］」の評価をどう進めるか

聖学院大学教授　東　仁美

1　小学校外国語科における「話すこと［発表］」の評価規準作成

　総論で既述のとおり，英語の目標は五つの領域別にCAN-DO形式の目標が設定されている（QR1）。中学年の外国語活動において外国語を使って<u>人前で実物などを見せながら</u>話す活動に十分慣れ親しんできた高学年の外国語科での「話すこと［発表］」の目標は，<u>伝えようとする内容を整理したうえで自分のこと</u>や身近で簡単な事柄について，簡単な語句や基本的な表現を用いて話すことができるようにするとされており，この目標を十分理解したうえで評価規準を作成したい。「内容のまとまりごとの評価規準」を作成する際の手順は，総論14頁および「聞くこと」の評価規準作成24頁を参考にされたい。

QR1

2　「話すこと［発表］」の評価事例の考察

　次に，『参考資料』の学習評価事例3（QR2）を参考にしながら，外国語科の「話すこと［発表］」の評価について具体的に考えていきたい。

QR2

単元名　We Can! 2 Unit 1「This is ME!」Unit 2「Welcome to Japan.」
（第6学年）複数単元を通した評価
評価方法　行動観察

以下は，『参考資料』に提示されているUnit 1の評価規準である。

	知識・技能	思考・判断・表現	主体的に学習に取り組む態度
話すこと	〈知識〉 自己紹介に関する語句や，I (don't) like〜．I can/ can't〜．	自分のことをよく分かってもらうために，好きなもの	本単元の評価規準は，「自分のことをよく分かってもらうために，

［発表］	My birthday is 〜 . I'm 〜 . の表現について理解している。〈技能〉好きなものやこと，できることなど，自己紹介に関することについて，話す技能を身に付けている。	やこと，できることなど，自己紹介に関することについて，話している。	好きなものやこと，できることなど，自己紹介に関することについて，話そうとしている」となるが，次単元と合わせて，記録に残す評価を行う。

　「主体的に学習に取り組む態度」の評価は，Unit 2 と合わせて記録に残す。

　評価例では，児童 2 名の自己紹介の発表例が提示されている。

児童 1 の発表
Hello. My name is ○○.
I like baseball.
Do you like baseball? Baseball is fun.
I can swim well. I like sports.
I like cats. I have a brown cat. She is cute.
My birthday is April 2nd.
When is your birthday? Thank you.

児童 2 の発表
Hello. My name is ○○.
I like P.E.
Do you like P.E?
I like cat.
Do you like cat?
I can soccer.
Thank you.

　Unit 1 第 8 時の発表例では，「知識・技能」「思考・判断・表現」の評価例が示されている。児童 1 については，既習表現を正しく用いて，自分の考えや気持ちを話していること，また話す順序を工夫したり，自ら相手に問いかけたり，情報を付加したりしながら発表していることから，「知識・技能」および「思考・判断・表現」において「十分満足できる」状況⒜と判断している。一方，児童 2 は，「知識・技能」においては「おおむね満足できる」状況⒝と判断しているが，「思考・判断・表現」においては，聞き手に問いかけたり，既習語句や表現を使ったりして自分の考えや気持ちをおおむね伝えていることから「おおむね満足できる」状況⒝と判断している。

　評価例では，「話すこと［発表］」において求められる「思考・判断・表現」の力として，話す順序の工夫，相手への問いかけ，情報の付加が挙げられている。また，第 8 時までの授業で「努力を要する」状況⒞と評価した児童がいた場合，事後指導として指導改善や学習改善につながる手立てを講じたうえで，継続的に評価を行い，「おおむね満足できる」状況⒝になるよう助言や指導を行うこととされている。手立てとしては，たとえば，指導者がSmall Talk などで繰り返しモデルを示したり，「十分満足できる」状況⒜と

評価できる児童の発表をクラス全体で聞き，どういう点が工夫されているかを児童自身に気付かせたりして，改善状況を見取っていくことが考えられる。

　また，「主体的に学習に取り組む態度」の評価としては，複数の単元を通した評価例が示されている。たとえば，Unit 2 の「主体的に学習に取り組む態度」の評価規準は，「相手によりよく分かってもらえるように，日本の行事や食べ物，自分の好きな日本文化などについて，考えや気持ちなどを話そうとしている」となっているが，児童1はこの二つの単元を通して自ら学習の目標をもち，試行錯誤しながら学習を進め，次の新たな学習につなげるといった，学習に関する自己調整を行いながら，粘り強く知識および技能を獲得したり，思考・判断・表現しようとしたりしていると見て，「十分満足できる」状況(a)と判断している。児童2は，この2単元で自分の課題を認識しており，まだ支援を要する状態ではあるが，徐々に改善をしながら次の新たな学習につなげることができたとして，「おおむね満足できる」状況(b)と判断している。

　この「主体的に学習に取り組む態度」の評価に際しては，発表活動での見取り以外に振り返りシートの記載をていねいに分析することが求められる。たとえば，児童2は振り返りシートに，「英語で紹介するのは難しかった。自己紹介の時にサイモン先生とすもうについて話したことを覚えていて，少し話すことができた。サイモン先生がほめてくれたのでうれしかった。次は，何とか自分一人で話せるようになりたい」と記述していることから，学習に関する自己調整を行っていることが観察できる。事後指導では，児童の振り返りシートを紹介し，粘り強い取り組みのよい例を示すことも手立ての一つである。

　このように，主体的に外国語を用いてコミュニケーションを図ろうとしている態度を評価することと併せて，言語活動への取り組みに関して見通しを立てたり振り返りを行うなど，自らの学習を自覚的に捉えている状況についても，特定の領域・単元だけでなく，年間を通して見取ることが肝要である。なお，総括的な評価を行うためのパフォーマンス評価やルーブリックの作成については，2章で紹介する評価の実践例で詳述する。

3　中学年外国語活動での「話すこと［発表］」の評価

　外国語活動の指導では数値での評価は残さないが，児童の学習改善や教師

の指導改善につなげるという点では，外国語科の評価と変わらないと考えられる。以下，『参考資料』の学習評価事例6（QR3）を参考にしながら，外国語活動での「話すこと［発表］」の評価について考察する。

QR3

単元名　Let's Try! 2 Unit 5「Do you have a pen?」（第4学年）

評価方法　行動観察・テキスト記述分析・児童作品（おすすめの文房具セット）・振り返りシート点検

　事前の手立てとしては，指導者が同僚の先生のために作成した文房具セットを理由とともに紹介することでモデルを提示し，次に代表児童が作った文房具セットについて全体の前で紹介する。評価方法としては，作成したおすすめの文房具セットを見せながら紹介している様子を見取って記録に残している。評価例で「知識・技能」については，文房具などの学校で使う物や持ち物について，I have/ don't have ～．Do you have ～？などを用いて，話している様子を見取る。「思考・判断・表現」については，自分が作った文房具セットのアピールポイントを相手に分かってもらうために，これまで慣れ親しんだ語句や表現を使っている様子を見取るようにする。そして，「主体的に学習に取り組む態度」については，児童の発表の様子を見て，そのよさを取り入れたり，工夫したりしている特徴的な様子も見取るようにする，としている。

　児童の様子を見取って記録に残すことに関して『参考資料』では，1年間を通して全児童について各観点でバランスよく記録を残し，蓄積した記録を基に指導要録に文章で児童の様子を記載する，としている。活動のなかで特徴的だったことをメモしたり，評価規準に沿ってチェックをしたりできるよう加工した児童名簿を用意しておくといいだろう。

　このように，外国語活動での評価規準を体系的に策定していくことが児童の学習や教師の指導の改善につながるだろう。中学年外国語活動において「話すこと［発表］」の豊かなコミュニケーション活動を体験できれば，児童は学習への動機づけを高めて高学年の外国語科に滑らかに移行することが可能になる。ていねいな見取りを通した中学年での評価が，高学年での妥当性・信頼性のある評価につながることを期待したい。

「書くこと」の評価をどう進めるか

岐阜聖徳大学准教授　**加藤　拓由**

1　小学校外国語科における「書くこと」の評価規準作成

　総論で既述されているとおり，英語の目標は五つの領域別にCAN-DO形式の目標が設定されている。ここでは，「書くこと」の目標を確認しておきたい。ここで留意すべきことは，ア）大文字，小文字→「<u>書くこと</u>」ができるようにする。語順を意識しながら→「<u>書き写すこと</u>」ができるようにする，イ）自分のこと身近で簡単な事柄について→「<u>書くこと</u>」ができるようにするというように，目標の表現が異なっている点である。「書き写す」とは，語句や文を見ながらそれらをそのまま書くことであり，「書く」とは，例となる文を見ながら，自分の考えや気持ちを表現するために，例となる文の一部を別の語に替えて書くことである（QR1：「学習指導要領解説」113頁）（下線筆者）。また，「内容のまとまりごとの評価規準」を作成する際の手順については，総論14頁および「聞くこと」の評価規準作成24頁を参考にされたい。

QR1

2　「書くこと」の評価事例の考察

QR2

　次に，『参考資料』の学習評価事例 4（QR2：『参考資料』77 〜 87 頁）を参考にしながら，外国語科の「書くこと」の評価について具体的に考えていきたい。

> 単元名　We Can! 2 Unit 4「I like my town.」（第 6 学年）Activity 2
> 評価方法　行動観察・ワークシート①およびオリジナルミニポスター記述分析

以下は，『参考資料』Unit 4における「書くこと」の評価規準である。

	知識・技能	思考・判断・表現	主体的に学習に取り組む態度

書くこと	〈知識〉 施設・建物を表す語句や We (don't) have 〜. We can enjoy/see 〜. I want 〜. の表現，終止符の基本的な符号について理解している。 〈技能〉 自分たちが住む地域について，施設・建物を表す語句や We (don't) have 〜. We can enjoy/see 〜. I want 〜. の表現を用いて，自分の考えや気持ちなどを書く技能を身に付けている。	自分たちが住む地域について，相手に伝わるように，自分の考えや気持ちなどを書いている。	複数単元にまたがって評価を行うため，次の単元で記録に残す評価を行うこととする。

　事例の評価例は下図のワークシート①を参照し，記録に残す「知識・技能」および「思考・判断・表現」として示されている。概略は以下のようなものである（『参考資料』84 〜 85 頁）。

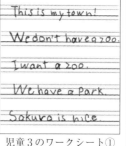

　児童 1 のワークシート①　　　児童 2 のワークシート①　　　児童 3 のワークシート①

○児童 1 は，自分たちの住む地域について，そのよさや願い，自分の考えや気持ちなどを表す語句や表現を，すべて正しく書いているので，「知識・技能」において「十分満足できる」状況(a)と判断した。また，自分たちの住む地域について，相手に伝わるように，そのよさや願いなど，自分の考えや気持ちを，単元で学習した語や巻末の WORD LIST を調べて語を選んだり，文字と文字，語と語の間隔に適切なスペースをおいて，適切に書いたりしていることから，「思考・判断・表現」において「十分満足できる」状況(a)と判断した。（児童 2 は省略）

○児童 3 は，自分たちの住む地域について，そのよさや願いなど，自分の考

えや気持ちを表す語句や表現を正しく書いていなかったり，相手によく分かってもらえるようにという観点からは，単語や語と語の間隔を適切にとって書いていなかったりすることから，「知識・技能」および「思考・判断・表現」において「努力を要する」状況(c)と判断した。（後略）

ここでは「知識・技能」については"正確に書く"ことが求められていることがわかる。ただし，その際にも，「文字の細部を指導するのではなく，コミュニケーションを行うために文字を書くことを意識させ，ほかの文字と区別して認識できるようにていねいに書いたり，適度な速さで書いたりすることを意識させることが重要である」（QR3：「学習指導要領解説」88頁）とあるように，読み手に伝わるように，英語を正確に書くことの大切さを，ていねいに時間をかけて指導するようにする。

また，「思考・判断・表現」については，"相手意識"を持ち"考えながら"自分の考えや気持ちを伝えることに重点が置かれている。これは，学習指導要領解説（98頁）にあるように，児童が，①設定されたコミュニケーションの目的や場面，状況等を理解し，②目的に応じて情報や意見などを発信するまでの方向性を決定し，コミュニケーションの見通しを立て，③目的達成のため，具体的なコミュニケーションを行い，④言語面・内容面で自ら学習のまとめと振り返りを行うという学習

過程を経て，知識を活用しながら思考力・判断力・表現力を高めるというねらいと一致している。

一方，「努力を要する」状況(c)と判断した児童3のような事例の場合は，その後の書く活動で，4線に文字をおさめていねいに書くよう指導を行ったり，4線のすぐ横に手本を置いて単語と単語の間のスペースに注意しながら

書くよう繰り返し励ましたりすることで，単元末には「おおむね満足できる」状況(b)に到達できるよう，個別の支援も行うことが重要である。

　複数の単元を通した「書くこと」の評価テストとしては，学期末に実施する「書くこと」「読むこと」（「思考・判断・表現」）のチャレンジクイズが例示されている（87頁）。

　ここで大切なのは，どの問題も，授業において「音声で十分慣れ親しんだ簡単な語句や基本的な表現」を扱い，例示された月の名前のなかから選んで書いたり，例文を参考に書き写したりしているということである。児童に，授業内で何度も言ったり，書いたりした英語を想起させ，自分に関する本当のことを書かせることで，「思考・判断・表現」力の評価を試みている。

3　「書くこと」の評価方法

　評価事例4では「書くこと」の評価方法として，「知識・理解」および「思考・判断・表現」の評価方法が挙げられている。一方，「読むこと」の評価と同様に「書くこと」の指導では学習の個人差が顕著になりやすい。そのため，評価事例3（74〜75頁）にあるように複数の単元を通して「主体的に学習に取り組む態度」を見取ることも重要である。

　事例の児童2の振り返りシートには「はじめは難しかったけれど先生に教えてもらったとおり，シートに書かれていることばを四線のそばにおいて書いたら，うまく書けるようになってうれしい」と記述されている。話したり書いたりして表現することを繰り返すことで，児童に自信が生まれ，主体的に学習に取り組む態度が時間とともに育まれていることがわかる。このように「主体的に学習に取り組む態度」は，言語活動の取り組みに関して見通しを立てたり，振り返ったりして，自らの学習を自覚的に捉えている状況について特定の領域や単元だけでなく，複数単元をまたいだり，年間を通じて児童の資質・能力の伸長をとらえるようにする。

　小学校1年生は，ひらがな→カタカナ→漢字というように時間をかけて，先生や友だちと一緒に楽しみながら文字を段階的に獲得していく。「書くこと」の評価は，児童の学びの成長を，時間をかけて見守る心構えが必要である（大文字・小文字を書くことの評価についての留意点はQR4を参照）。

QR4

CAN-DOリストの目的, 作成とその活用法

関西学院大学教授　泉　惠美子

1　CAN-DO リスト作成の意義・目的と役割

　学習の指導と評価に関しては, 児童・生徒に求められる英語力を達成するための学習到達目標を, 4技能5領域を通じて「英語を使って何ができるようになるか」という観点から, CAN-DO 形式を用いて小中高一貫した学習到達目標を設定し, 指導・評価方法の改善を図るとある。その際, CEFR(ヨーロッパ言語共通参照枠) とその日本版 CEFR-J(QR1)などに示されているように,「〜することができる」という具体的な能力記述文によって「CAN-DO リスト」を作成し, 学習到達目標を明確にし, それに向けた効果的な指導を考え, 指導と評価の一体化を図るのである。また, 具体的な使用場面における活動を設定し, 学習活動の一環として言語活動を行わせ評価することが重要になる。

　中・高においては, すでに「各中・高等学校の外国語教育における『CAN-DO リスト』の形での学習到達目標設定のための手引き」(文部科学省, 2013, QR2) が出され, ほとんどの学校で CAN-DO リストが作成されてきた。小学校でも, 今後, 観点別, 領域別に, 何ができるようになるか, 何ができたかといった学習到達目標を設定し, 児童の「できる感」(有能感)や達成感を高めるような活用方法を考えたい。それは, 児童の学習への態度ややる気を高め, 自己の学習に対する責任や主体性を持って, 自ら学習方法などを調整しながら学ぼうとする自律した学習者の育成にもつながるであろう。

　CAN-DO リストは, 3観点, 5領域における学習到達目標として示され, それに基づいた指導と評価を行うのに不可欠であるとともに, 形成的評価としても用いることができる。日々の授業のなかで, CAN-DO 尺度を用いた振り返りシートなどを活用して児童が自己評価を行うことで,「前はここまでだったが, 今はここまでできるようになっている」という「できるようになり

つつある」ことを実感し，メタ認知が高まり，次の目標も分かる。それらを蓄積し，ポートフォリオ評価として活用することもできる。また，語彙や表現などの言語材料や，知識・技能の習得にとどまらず，知識を活用して思考・判断しながら，目的や場面，状況に応じてコミュニケーションが図れるよう，総合的な能力の習得をめざすことができる。その際，パフォーマンス評価などを活用することにより，具体的に「英語を用いて何ができるか」という観点から評価がなされることで，指導と評価の改善につなげることができる。

　一方，教員は，児童が学習到達目標に達したかどうかを確認しながら，指導の調整・改善を行い，児童の学びや発達を支援することが可能になる。また，学習到達目標の作成過程を通じて教員間で指導と評価についての共通理解を図ることができる。さらに，作成したCAN-DOリストを児童や保護者と共有することで英語学習のゴールが明確になり，ゴールから遡る逆向き設計により，指導計画を立てることができ，4年間の見通しを持つことができる。

　CAN-DOリストを用いた評価は，児童にとっては，英語コミュニケーション力と英語学習への動機づけや自律性を高めることができる一方，教員にとっては，明確な目標を持って授業に取り組み，児童の見取りと内省を助け，CAN-DO項目を意識した授業改善と自律性促進のための評価である。

2　学習到達目標（CAN-DOリスト）の作成と留意点

　CAN-DOリスト作成に当たり，手順と留意点を考えてみる。まずは，学習指導要領の具体的内容（話題，場面，ことばの働き，単語や表現など）と，文部科学省作成の共通教材や教科書の内容を精査し，学習到達目標に反映させる必要がある。また，同僚と学校の教育目標や他教科・他領域の目標なども参考に，卒業時に児童につけさせたい力や育ってほしい姿などを設定し，そこから逆算してそれぞれの学年（段階）で何をどこまでできるようにすればよいのかを考えて，学習到達目標を作成する。これまでに学校独自のカリキュラムで指導を行っている場合は，児童の実態やニーズに合うように，各単元の到達目標や言語材料などを整理し，それらを外国語活動あるいは外国語科のCAN-DOリストにまとめるとよい。およその作成手順は以下のとおりである（総論「2　評価規準作成から評価の実施までの手順」も参照）。

①どのような観点・技能が必要かを考え整理する（5領域別・3観点等）。

②何段階に設定するかを考える（4段階など，学年ごとが多い）。

③育てたい力や児童の姿などの具体的な記述文を考え段階ごとに並べる。

　例：「聞くこと」であれば，「読み聞かせを聞いて大体の意味が分かる」。「話すこと［発表］」であれば，「好きなもの，できること，行きたい国，なりたい職業などを含んだ自己紹介ができる」。「話すこと［やり取り］」であれば，「友だちと誕生日について，伝え合うことができる」。「読むこと」であれば，「アルファベットの文字と音を結び付けることができる」。「書くこと」であれば，「音声で慣れ親しんだ簡単な単語を書くことができる」など。

④卒業時の学習到達目標を学習指導要領の目標を見ながら設定する。

⑤学年ごとの学習到達目標を設定する。

⑥作成したCAN-DOリストを，年間の「指導・評価計画」に反映させる。

⑦学習到達目標と評価を意識した単元計画を作成し，授業・指導を行う。

⑧授業後や，学期，学年末に振り返りを行い，学習到達目標・評価規準等を見直す。また，観点別に総括を行う（流れについてはQR3を参照）。

QR3

　各学習到達目標の達成状況は教員が評価するだけでなく，児童にも自己評価をさせてみるとよい。CAN-DOリストを配布し，各学習到達目標を達成しているかどうかを自己評価させる。スピーチバブルのような形でも，アンケートのような形でも，すべての学習到達目標について評価させることで，自分の学習状況の現在地を知ることができ，次の目標を設定することもできる（達成度評価）。自己評価を行わせて，達成状況がよくないものについては，学習到達目標が児童にとって高すぎる，指導が十分ではなかったなどの原因が考えられ，教員間でどのように改善すればよいかを話し合う機会となる。

　学習到達目標は作成することが最終目的ではなく，その学習到達目標に向かって，教員が授業を考え，児童につけたい力を日々の言語活動を通して育成することが大切である。そして，児童に振り返らせ，自己の能力や到達度を客観的に評価させることや，教員が個々の児童の状況を把握し，彼らの躓きや困難をいかに支援すればよいかの判断材料としても重要である。

3　CAN-DOリストの活用法

CAN-DO リストはカリキュラム，年間指導計画の作成時に長期的に活用したり，各学期や単元で中期的に，また，毎授業のなかで短期的に活用したりして，十分に繰り返し使うことが重要である。主な活用法を見てみよう。

⑴　年間指導計画のなかで到達目標として活用

学年末や学期末の到達目標として活用する。その際，到達目標と評価規準，評価方法を有機的に結びつけることが重要である。また，発達段階に応じて，学習到達目標を教員と児童で共有したり，作成に参画させたりして，指導と評価をくり返すなかで自己評価やパフォーマンス評価などとも照らし合わせながら，必要に応じて改訂し，児童の実態に合うよりよいものにしていきたい。

⑵　各単元・毎授業の目標設定のために活用

指標形式（CAN-DO）による目標を各単元計画のなかに設定し，毎時の指導計画にも目標・評価の観点として位置付け，形成的評価として用いる。その際，学年末における到達目標を見据えて目標を設定し，その目標に応じた課題を提示する。なお，評価する際には，毎授業の活動ごとに到達のプロセスを段階的に記述したCAN-DO尺度を作成し，自分が何ができるようになっているのかを児童にモニターさせ，学習の指針を与えることで「できるようになりたい」といった自律的な取り組みを促す。また，「できた感」を感じさせ，次にまたやってみようという自信と自己効力をつけさせることが重要である。さらに，単元末テストなどでも習熟度を確認する必要がある。このような取り組みにより，児童の達成感や有能感が育ち，動機づけが高まる。さらに，客観的に自分を見つめるメタ認知能力の養成により，自律した学習者の育成に役立つであろう（泉ほか，2016）。

⑶　授業改善のために活用

教員は，各単元や毎授業における目標を明確に設定し，それに沿った活動を精選，準備して，児童にとって分かりやすいCAN-DO記述による目標を授業で提示する必要がある。そして，授業実践を行うなかで，CAN-DO尺度の有効性や課題を検討し，児童に足場がけを行いつつ，達成可能なものになるように改善していく。さらに，教室における見取りとともに，児童のCAN-DO尺度にもとづいた振り返りシートの記入内容を検証し，授業改善に役立てることが重要である。それにより，教員の自律性，授業設計力や内省力を高めたい。

1章　参考文献

⑴　泉惠美子・長沼君主・島崎貴代・森本レイト敦子（2016）.「英語学習者の自己効力と自律性を促進する授業設計と評価―― *Hi, friends!* Can-Do リスト試案に基づいて」『JES Journal』Vol.16, 50-65, 小学校英語教育学会.

⑵　泉惠美子・萬谷隆一・アレン玉井光江・田縁眞弓・長沼君主（2018）.「小学校英語Can-Do 評価尺度活用マニュアル―― *We Can! & Let's Try!* Can-Do リスト試案」（http://www.izumi-lab.jp/dl/easel_08.pdf）小学校英語評価研究会.

⑶　泉惠美子・萬谷隆一・アレン玉井光江・田縁眞弓・長沼君主（2019）.「小学校英語Can-Do 及びパフォーマンス評価尺度活用マニュアル――思考力・判断力・表現力及び学びに向かう力評価試案」小学校英語評価研究会.

⑷　日本児童英語教育学会・英語授業研究学会関西支部合同プロジェクトチーム（2018）.「小中連携を推進する英語授業――実践的研究」

⑸　樋口忠彦・高橋一幸・加賀田哲也・泉惠美子（2017）.『Q&A 小学英語指導法事典――教師の質問112 に答える』教育出版.

⑹　文部科学省（2019）.「児童生徒の学習評価の在り方について（報告）」（中央教育審議会初等中等教育分科会教育課程部会）

⑺　文部科学省（2019）.「小学校，中学校，高等学校及び特別支援学校等における児童生徒の学習評価及び指導要録の改善等について（通知）」

⑻　国立教育政策研究所（2019）.「学習評価の在り方ハンドブック（小・中学校編）」

⑼　国立教育政策研究所（2020）.「『指導と評価の一体化』のための学習評価に関する参考資料（小学校外国語・外国語活動）」

2章

先進校ではこうやっている
──評価の実際

先進校ではこうやっている──評価の実際

2 5 領域別の評価事例：「聞くこと」の評価（外国語科）

《昭和女子大学附属昭和小学校》

聞く力を可視化する授業づくりと評価

同校講師 **幡井　理恵**

　本稿では，5 年生 We Can! 1 Unit4「What time do you get up?」の実践における，「聞くこと」の評価について紹介する。なお，学校の概要等については，QR1（学校の概要，英語科の取り組み）を参照いただきたい。

QR1

QR2

1　本単元における評価規準（QR2：単元計画）

知識・技能	思考・判断・表現	主体的に学習に取り組む態度
・一日の生活に関わる語句や表現を理解している。〈知識〉 ・一日の生活に関わる語句や表現を聞いて，その概要を捉える技能を身に付けている。〈技能〉	・外国からの留学生のことを知るために，簡単な語句や表現を用いて，一日の生活の流れを捉えたり，自分の一日の生活について伝えたりしている。	・外国からの留学生のことを知るために，簡単な語句や表現を用いて，一日の生活の流れを捉えたり，自分の一日の生活について伝えたりしようとしている。

※「聞くこと」の評価規準は，本時評価規準参照。

2　単元での「聞くこと」の評価の流れ

> 「聞くこと」はその他の領域を指導・評価するための基盤

　本単元は，年度の終盤で扱ったため，本実践では 3 観点すべてを評価する授業を実施したが，必ずしも 1 単位時間で 3 観点を見取る必要はない。3 観点は不可分な関係にあり線引きがむずかしいため，指導者自身がどの言語活動でどの観点を見取るのか，しっかりと考えて指導計画を立てることが大切である。

　本単元では，時刻および一日の生活に関わる表現が対象になっており，1・2 時間目には，単元のなかで扱う語句や表現のうち，既習のものがどれくらい理解できるのか診断的に見極める時間とした。また，記録に残す評価はしないものの，該当の単語や表現を扱いながら，活動中の児童の様子を観察し，

(c)「努力を要する」児童を見極める形成的な評価の時間にもなっている。そして，3時間目（本時）前半のSmall Talkの最中には，該当児童を積極的に会話に巻き込むようにし，Listening Challenge 1の最初の数問においては，必要であれば助言や支援を行った。指導のなかで「聞くこと」の評価をしつつ，単元後半の「話すこと」の言語活動に繋げていくことを念頭に置いており，次時でよりていねいな指導を行うための評価にすることを意識した。

3　本時（3／5時間目）の授業について（QR3：本時指導案）

QR3

(1)　本時の目標

○留学生を知るために，日課や時刻，頻度など，一日の生活について，<u>具体的な情報を聞き取ったり，おおまかな内容を理解したりする</u>。

(2)　本時の評価規準

○日課や時刻，頻度を聞き取ることができる。　　　　　【知識及び技能】

○留学生を知るために，一日の生活を聞いて具体的な情報を聞き取ったり，おおまかな内容を理解したりしている。　　　【思考力・判断力・表現力】

○留学生を知るために，一日の生活を聞いて具体的な情報を聞き取ったり，内容を理解したりしようとしている。　　　【学びに向かう力・人間性】

4　「聞くこと」［知識・技能］の指導と評価

　［知識・技能］については，<u>業者テストを利用して評価することも可能ではあるが，必ずしも指導したものがテスト問題になっているとは限らない。</u>また，テストというと児童が緊張してしまい，普段の力が正確に測れない場合もある。したがって，指導と評価の一体化の視点からも，児童の現状に合わせて聞き取り用のワークシートを作成するなど，授業内で行われる言語活動と同じような形式で評価ができるとよい。なお，評価にあたっては，聞く対象物が一定のレベルを保てていることが重要と考える。つまり，児童同士の会話のなかで「聞くこと」の評価をするのではなく，映像や音声など，<u>一定の質が保たれている状況で評価する</u>必要がある。児童個々の特性なども考慮し，<u>動画だけでなく，話し手の生の声を聞き取る力についても評価できる</u>ように準備したい。

⑴ Listening Challenge 1 (QR4：ワークシート)

　前時までに行ってきた時刻を聞き取る活動である。これは知識・技能を図るための活動というよりも，前時までに行ってきたことについては「できる！」という自信を児童に持たせたうえで，本時の活動に向かわせるための活動である。ここでは，問題を出しながら助言や指導が必要と思われる児童に対して，積極的に声をかけて回った。

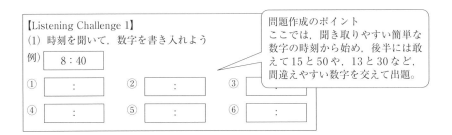

⑵ Listening Challenge 2

　一日の生活に関わる語句や表現，頻度，時刻を聞き取れるか，[知識・技能]を図るための活動である。一日の生活に関わる語句や表現については，普段から「あいさつ」の後などに話題に出し，児童とやり取りをすることがある。したがって，既知のものも多い。時刻についても，低学年から数字の聞き取りを行ったり，前時までに何度も耳にしたりしている部分である。ワークシートの右側のイラスト脇に時刻が記入できていれば，一日の生活に関わる語句や表現と時刻は理解し，聞き取る技能を身につけているということができる。

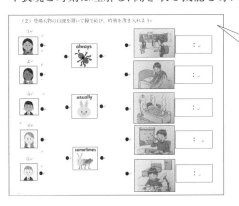

ワークシート素材作成のポイント
授業内で絵カードとして使用している絵と同じものを使用。
人のイラストは，フリー素材集「いらすとや」より使用。
https://www.irasutoya.com/
頻度と一日の生活に関するイラストは，We Can! の児童用絵カードおよびデジタル教材から使用。

一方で, 頻度を表す単語は, 本単元での新出のものとなる。左側が線で結べているかによって, 聞き取ることができているかが分かるようにしている。さらに, その正答率によっても理解の程度が分かり, 事後指導の参考にすることができる（QR5：[知識・技能] 児童回答例）。

QR5

5　「聞くこと」[思考・判断・表現] と [主体的に学習に取り組む態度] の指導と評価

留学生3名 （①～③） のことを知るために, 一日の生活を聞いて具体的な情報を聞き取ったり, おおまかな内容を理解したりできるか, [思考・判断・表現] を図るための活動である。本時では, 留学生を受け入れている本校の環境を活かして, 独自の動画を作成して使用した。児童には, 聞き取るべき項目を事前に示さず, ワークシートには聞き取れたものを自由に書き留める欄を設けた。ビデオを2回再生することを伝え, 1回目と2回目に聞き取れたことが分かるよう, 枠内に2色の鉛筆を使用して示すように指示をした。

留学生①と②の間に中間指導を行い, 分かったことや気づいたことを発言させることによっても, [思考・判断・表現] の評価が可能となる。また, どのような情報を聞き取ることができればよいかについて, 周りの児童と互いにアドバイスし合ったり, そこからヒントを得て対応したりする姿勢からは, [主体的に学習に取り組む態度] の評価が可能となる。加えて, 授業中に発言がなかった児童については, 授業後に意識的にワークシートの記述内容や記述量の増加を確認することによって, これら2観点の評価をすることができる。

2観点を見取る際に留意した点としては, 前時までの児童の様子から, 指導案作成段階で(a)評価の児童の予想をしておき, 当日の児童の様子を観察しながら名簿にコメントを残しつつ(b)と(c)評価の線引きの調整をするよう心掛けた。なお, ワークシートの記述は, 英語を「聞く」力だけでなく, 聞き取れたものを母語で言語化できる力も関連している。したがって, 該当児童の母語での「書く」力を把握しておくことも大切であると考える（QR6：[思考・判断・表現] と [主体的に学習に取り組む態度] 児童回答例と中間指導）。

QR6

6 振り返りシート（QR7：振り返りシート，QR8：振り返り結果）

ここまでに示した行動観察やワークシート記述分析などに加え，児童の振り返りシートも評価の参考にしている。課題に対して自分がどの段階にいるのか，児童自らが自分の力を正しく診断できるような文言の設定をするように心がけている。また，振り返りシート記入の際には，振り返りの視点についてていねいに声がけをすることも心掛けている。それにより，児童が自己調整を行う様子や，次時に向けた課題の認識など，［主体的に学習に取り組む態度］の参考になる記述を多く得ることができる。毎時間ではなく，単元内で1〜2回程度，主たる活動を行った際に用いるとよい。教師の見取りと児童の自己内省に隔たりがないかを確認することで，保護者への説明の際の参考資料にもなり得るだろう。

■ここがポイント！…狩野　晶子（上智大学短期大学部准教授）■

本時の目標と評価規準として，①具体的な情報を「聞き取る」，②おおまかな内容を「理解する」の二つが示されている。幡井先生はこれらの性質の異なる二つの「聞く力」を測るために複数の活動とワークシートを準備し，異なる観点での評価の手立てとしている。ことに［思考・判断・表現］の評価においては2回目の聞き取りの変化を可視化できる工夫や，中間指導が効果的に行われており，児童自身にも目標達成への道筋が見える。それが児童の自信とやる気を生む。評価がテストなどの評価のためのツールありきで行われるのではなく，評価のための工夫が指導にもプラスに働くサイクルが単元内外で作られている。

「聞くこと」を測ることは実はとてもむずかしい。英語の要素を「音として拾える」ことと，「その音が意味するところを理解できる」ことは別である。映像などを見ながらまとまった内容の音声を聞く場合，知っている単語やフレーズを耳が「拾って聞き取れる」ことと，文脈や映像などの手がかりを総動員して，なんとなくこんなことを言っているのだろうと大まかな内容や意味を「類推して理解する」ことは違う。小学校でこそ後者のような聞き方を育てて児童の「曖昧さ耐性」を高めることが，その先のより深くより高い学びへの道筋となる。

5領域別の評価事例：「聞くこと」の評価（外国語活動・外国語科）

《東京都荒川区立尾久第六小学校》

外国語活動・外国語科における「聞くこと」の評価

同校校長 高橋 美香

1 学校の概要

QR1 を参照いただきたい。

QR1

2 単元の概要

> 4年生 「Do you have a pen?」（お気に入りの文房具セットをつくろう）
>
> 単元目標：文房具や持ち物について聞き取ったり，お気に入りの文房具セットについて発表したりする。
>
> 準備物：絵カード，ワークシート，振り返りカード

3 本単元における評価規準

知識・技能	思考・判断・表現	主体的に学習に取り組む態度
文房具や持ち物を尋ねたり答えたりする表現を聞くことに慣れ親しむとともに，表現を用いて話すことに慣れ親しんでいる。 　　　　　知と表記	友達のお気に入りの文房具セットの具体的な情報を聞き取ったり，自分のお気に入りの文房具セットについて話したりしている。 　　思と表記	友達の好みを考えながら，お気に入りの文房具セットの具体的な情報を聞き取ろうとするとともに，自分のお気に入りの文房具セットについて話そうとしている。 　態と表記

※「『指導と評価の一体化』のための学習評価に関する参考資料」（国立教育政策研究所）を参考に，「聞くこと」と「話すこと［発表］」を合わせて作成。

4 単元計画（4時間扱い）

　本単元では，文房具や持ち物を尋ねたり答えたりする表現に慣れ親しみ，終末にお気に入りの文房具セットをクイズ形式で友だちに紹介した。児童が本当にお気に入りの文房具セットを紹介したいという気持ちを反映するため，事前アンケートの結果を踏まえて言語材料を決定した（QR2）。また，文房具の絵カードを教室壁面に常設掲示し，授業以外の場面でも児童が繰り返

QR2

し，発表内容を想起できるよう，そして安心して発表できるよう配慮した。

第3時にグループでクイズ形式による発表を行い，発表において使用する語句や表現に十分慣れ親しませた。第4時に，発表者はお気に入りの文房具セットについて発表した。クイズ形式とすることで，黒板に掲示された全員分の文房具セットを描いた絵（QR3）を手がかりに，聞き手は発表者の好みを予想しながら聞いたり，どの絵について発表しているのか推測したりして，最後まで興味をもって聞くことができた。教師側で類似の文房具セットの絵を用意することで選択肢を増やし，児童が最後まで紹介を聞いたり，必要に応じて追加のヒントを要求したり，質問したりする必然性を設定した。

QR3

〈単元計画（全4時間）〉

時	目標（◆）と主な活動（○）	評価		
		知	思	態
1	◆文房具などの学校で使う物の言い方に慣れ親しむ。 ○誌面を見てどのようなものがあるかを発表し，文房具に関する語句を知る。 ○文房具の言い方を知り，誌面の文房具の数を数える。 ○誌面の文房具や教室内にある物を一つ選び，その色や形状を言い当てる。 （I spy ゲーム）	記録に残す評価は行わないが，目標に向けた指導を行う。		
2	◆文房具などの学校で使う持ち物を尋ねたり答えたりする表現に慣れ親しむ。 ○筆箱に入っている文房具の紹介音声を聞き，誰の筆箱か答える。 ○自分のお気に入りの文房具セットを決め，発表の内容に係る教師からの質問に答えたり，ペアでやり取りしたりする。			
3	◆文房具など学校で使う物について，聞き取り，伝え合う。 ○世界の子供たちの持っている文房具を聞き取り，気付いた事をワークシートに記入する。…【Let's Watch and Think】 ○グループで，お互いのお気に入りの文房具セットについて伝え，聞き手は聞きとった内容の文房具セットを作る。 ○グループでやりとりをしながら，お気に入りの文房具セットにするクイズを完成する。	聞	聞	
4	◆お気に入りの文房具セットについて聞き取ったり，相手に伝わるように工夫しながら伝えたりしようとする。 ○クイズ形式でお気に入りの文房具セットを紹介する。…【先生クイズ】	聞 発	聞 発	聞 発

5 「聞くこと」の評価

「聞くこと」は，すべての言語活動の基盤である。「聞くこと」の学習状況を適切に把握し，必要に応じて繰り返したり活動を変えたりする等，次の指導に生かすことが大切である。また，「聞くこと」の学習状況は，外面から判断することはむずかしい面がある。そのため，他の技能の学習状況を踏まえつつ，「聞くこと」の学習状況を把握することが大切である。さらに，ど

の児童も自信をもって活動に取り組むことができるよう，聞かせる事柄や聞かせる英語の速さに留意するなどの配慮をしたい。

　評価に当たっては，学習状況を次の指導につなげる評価とすることを主眼とし，記録に残す評価と残さない評価を整理する。本単元においては，第1時，第2時に文房具等に関する音声に十分慣れ親しませる指導は行うが，記録に残す評価は行わない。

　また，外国語活動の評価においては，「児童の学習状況に顕著な事項がある場合にその特徴を記入する等，児童にどのような力が付いたかを文章で端的に記述」することとなっている。全言語活動の基盤であり，外面から判断のむずかしい面のある「聞くこと」については，ていねいに実践を積み重ねていくことが，外国語科における「聞くこと」の評価の実践につながっていく。

(1)　「聞くこと」の「知識・技能」「思考・判断・表現」の具体的な評価場面

　次の場面から「知識・技能」について評価を行った。まず，第3時において，世界の子どもたちの持っている文房具を聞き取り，気付いたことをワークシートに記入した【Let's Watch and Think】。DVD音声という同一条件のもと，ゆっくりはっきり話された身近な事柄について，基本的な表現の意味が分かっているか，内容をほぼ聞き取ることができているかどうか，ワークシートの内容等から確認した。内容を聞き取ることができていない児童も見られたので，改善に向けて，言語材料を繰り返し聞かせる活動を取り入れた。

　また，ワークシートや行動観察，振り返りカードから，世界の子どもたちの持ち物と自分の持ち物を比べて考える視点を加味し，「思考・判断・表現」について評価した。たとえば「他の国では自分たちと違って教科書を持ち帰らなくていい」「日本と違って，アメリカは食べ物を持っていくんだ。給食がないのかな？」などの気付きがある場合，「思考・判断・表現」の欄にチェックを入れ，「自分と比べながら聞く（ワークシート）」「外国の学校生活を考えながら聞く（発言）」等と記録に残した。

　第4時(QR4)には，指導者のお気に入りの文房具セットを紹介する「先生クイズ」(QR5)を行った。指導者は紹介文を2回繰り返し，該当する文房具セットの番号や聞き取った内容をワークシートに記載させ，「知識・技能」の学習状況を確認した。とくに，前時に十分であるとは言えない状況であった児童

の様子を確認した。また，「先生は黄色が好きだから，No.18 ではないか」など，指導者の好みを考えながら聞く姿が見られる場合，「思考・判断・表現」の欄にチェックを入れ，「相手の好みを考えながら聞く（発言）」と記録に残した。

⑵　「聞くこと」の「思考・判断・表現」「主体的に学習に取り組む態度」の
　具体的な評価場面

　「思考・判断・表現」については，第4時のクイズ形式でのお気に入り文房具セットの紹介場面において評価した。友だちのお気に入りの文房具セットの具体的な情報を聞き取ってワークシートに該当番号と選んだ理由を書く場面において，「友だちの好みを考える，相手のことを知ろうとする」という目的等に応じ，既習語句などを用いつつ目的等を達成しているかを，行動観察やワークシートから評価した。その際，必要に応じて質問したりしながら，どの文房具セットなのか情報を集める様子が見られた場合，「思考・判断・表現」の欄にチェックを入れ記録に残した。たとえば，"I have an eraser. I have two pencils. I have a green…えっと（言いよどむ）…"などと話されたとき，並んだワークシートを見ながら，"Ruler?（Do you have a green ruler?）"と聞き返したり，三つの文で特定できない場合に"Do you have a stapler?"と追加の質問をしたりする姿が見られた場合，「答えを推測して，質問しながら聞く（発言）」と記録に残した。また，聞き取った内容を元に答えを推測し，「答えはNo.3かNo.18。Aさんは確か青が好き，青いペンや青いメモ用紙が入っているから，No.3」と答えたりする姿が見られた場合は，「聞き取った内容を元に，相手の好みを考えながら聞く（発言）」と記録に残した。

　「主体的に学習に取り組む態度」については，学習への取り組み姿勢や振り返りカードの記述などを参考にした。「B君のヒントの出し方はとても分かりやすかった。自分も工夫したい」「最初はむずかしかったけど，色に気を付けて聞いていたら，お気に入りの文房具が聞き取れるようになってきた」等，学習への意欲や，単元全体を通した粘り強さ，自己調整にかかわる態度が見られた場合は，「主体的に学習に取り組む態度」の欄にチェックを入れ記録に残した。

6　ワークシート・振り返りカードの実際

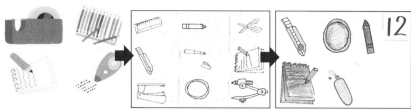

フリー素材集「いらすとや」　　児童手書きの素材集　　完成ワークシートの例
https://www.irasutoya.com/　　（QR6）　　　　　　　　（QR7）

QR6

QR7

　クイズで用いるワークシート作成にあたっては，まず，インターネットのフリー素材や実物を参考に，児童が手書きで素材集を作成した。好きな色に塗るため，単純化・白黒化する必要があったためである。その後，各自が好きな文房具を切り取って着色し，ワークシートに貼り付け，番号を付して完成した。今回はお気に入りの文房具を三つの文で紹介するが，質問する余地を残すため，文房具は四～五つ選ぶこととした。

QR8

　振り返りカード（QR8）は，毎回，児童が自分の学習を振り返ることができるように，短時間で書き込めるものを用意した。毎時の目標に対応する項目，児童に徹底したいコミュニケーションに関する項目等を設定するとともに，児童が学びや気付きについて，自由に記載できる欄を用意した。

■ここがポイント！…東　仁美（聖学院大学教授）■

　「聞くこと」をすべての言語活動の基盤と位置づけ，ていねいな実践を積み重ねている本事例は，外国語活動から外国語科につなげる評価の実践への示唆に富んでいる。『参考資料』の学習評価事例6でも取り上げられている，4年生の単元での実践であるが，評価規準に沿って，児童名簿等にチェックを入れたり，特徴的なことをメモにとったりして「記録に残す」事例として，外国語活動での評価のよきモデルになる。「聞くこと」の知識・技能だけでなく，「思考・判断・表現」「主体的に学習に取り組む態度」の評価では，ワークシート，行動観察や振り返りカードなどさまざまな評価方法を工夫して，児童の発言や記述から「聞くこと」の学習状況を見取っている。このようなていねいな評価は，ていねいな授業実践に裏付けされている。20年近く小学校英語に取り組んできた小学校ならではであり，指導と評価が表裏一体であることを再確認させられる取り組みである。中学年の外国語活動での豊かな学習体験が高学年での言語活動につながり，結果として外国語科での目標に沿った必要性・妥当性のある評価実践が可能になることを示してくれる。

5 領域別の評価事例：「聞くこと」の評価（外国語活動）

《京都教育大学附属桃山小学校》

外国語活動における 「聞くこと」の評価

同校教諭 俣野　知里

1　学校の概要

　本校は，京都市伏見区の桃山に位置し，知識基盤社会・グローバル社会を生き抜く資質や能力を育み，「明日の文化を担う『ひと』の育成」をめざし，大学および附属学校園と連携を図りながら，創造性教育，情報教育，幼小中連携教育，外国語教育，伝統・文化教育の研究に取り組んでいる。2020年5月現在，423名（各学年2学級）の児童が在籍し，35名の教職員が指導・支援にあたっている。

　外国語教育については，第1・2学年で週1回，第3・4学年で週2回の「外国語活動」を，第5・6学年は週2回の「外国語」を実施し，毎時間の指導は，専科教員（JTE）と外国語指導助手（ALT），担任（HRT）の3名によるティーム・ティーチング（TT）により行っている。

2　本単元の概要

　本単元は，文部科学省作成の共通教材 Let's Try! 2 Unit 3 を参考にしながら，児童が第1学年より外国語活動の学習に取り組んでおり，中学年で年間70時間の外国語活動を行うことを踏まえ，次のとおり計画し，実施した。

(1)　単元名：第4学年 "I like Mondays." 好きな曜日について伝え合おう

(2)　主たる言語材料：Unit 3 の言語材料・教科の言い方や I study ～．

(3)　関係する領域別目標：「聞くこと」イ

(4)　単元目標：友達のことを知ったり，自分のことを知ってもらったりするために，指導者や友達の好きな曜日とその理由についての話を聞いたり，相手に伝わるように工夫しながら，自分の好きな曜日とその理由について話したりする。

(5) 単元の評価規準

	知識・技能	思考・判断・表現	主体的に学習に取り組む態度
聞くこと	曜日や教科などの言い方，What day is it? It's ~. I like ~. Do you like ~? Yes, I do. / No, I don't. などの表現を聞くことに慣れ親しんでいる。	相手のことをより深く知るために，指導者や友達の好きな曜日とその理由についての話を聞いて意味が分かっている。	※複数単元にまたがって評価を行うため，本単元以降の単元で記録に残す評価を行うこととする。
話すこと[発表]	曜日や教科などの言い方，What day is it? It's ~. I like ~. Do you like ~? Yes, I do. / No, I don't. などの表現を用いて，話すことに慣れ親しんでいる。	自分の好きな曜日とその理由について相手に伝わるように工夫しながら，好きな曜日やその理由について話している。	自分の好きな曜日とその理由について相手に伝わるように工夫しながら，好きな曜日やその理由について話そうとしている。

(6) 単元の指導と「聞くこと」にかかわる評価の計画（全5時間）

時	○目標 ・主な活動	知	思	態	留意点
1	○曜日や教科などの言い方に慣れ親しむ。 ・ALT の話を聞く ・オリジナル絵本の読み聞かせを聞く（毎時）				記録に残す評価は行わないが，目標に向けて指導を行う。
2	○曜日や教科について聞いたり話したりすることに慣れ親しむ。 ・JTE の話を聞く ・曜日や教科の表現を聞いたり言ったりする				
3	○好きな曜日やその理由についての話を聞いたり話したりする。 ・HRT の話を聞く ・好きな曜日や理由を伝える表現を聞いたり言ったりする ・発表の準備をする	◎			
4	○好きな曜日やその理由についての話を聞いたり話したりする。 ・好きな曜日や理由を伝える表現を聞いたり言ったりする ・好きな曜日について友達と紹介し合う（ペアなど）	○	◎		「知・技」については，前時の学習状況を踏まえ焦点化した児童を中心に見取る。
5	○相手に伝わるように工夫しながら，好きな曜日やその理由について紹介し合う。 ・好きな曜日について友達と紹介し合う（全体）	○	◎		

3　本単元における「聞くこと」の指導と評価

⑴　「聞くこと」の指導にかかわって

　外国語活動では，児童の「聞いて分かった」という喜びや達成感を大切にし，高学年の学習へとつなげるため，児童にとって身近な事柄を題材にし，児童の「聞いてみたい」という思いを高めながら指導すること，また，スモールステップで段階的に表現に慣れ親しむための単元構成を心掛けている。本単元でも，3名の指導者の好きな曜日についての話を聞く活動を第1時から第3時に設定した（表参照）。また，オリジナル絵本（QR1）を使用し，読み聞かせを聞いたり，言えるところを一緒に言ったりする活動も単元を通じて行い，楽しみながら繰り返し表現に慣れ親しむことを大切にした。

QR1

⑵　「聞くこと」［知識・技能］の評価にかかわって

　単元前半は，児童が表現に慣れ親しむことをめざし，見取ったことを児童支援や指導改善につなげた。第3時から第5時には，記録に残す評価を行った。第3時は，HRTの好きな曜日とその理由について聞く活動（表）を中心に，主たる言語材料として扱った表現を聞くことに慣れ親しんでいるかについて見取った。なお，第4時，第5時は，第3時の児童の学習状況を踏まえ，必要な児童に焦点を当てて見取ることとした。評価の方法は，行動観察やワークシート（QR2），振り返りシート（QR3）の分析を中心とした。

QR2

QR3

表　スクリプト「指導者の好きな曜日とその理由」

第1時（ALT）	第2時（JTE）	第3時（HRT）
（スライドを示し）Look! I like Saturdays. I play with my daughter. Do you like Saturdays?	（学習予定表を示し）Look! I like Mondays and Tuesdays. I study English with everyone. Do you like English?	I like Fridays. I eat curry and rice. I study P.E. So, I like Fridays. What day do you like?

⑶　「聞くこと」［思考・判断・表現］の評価にかかわって

　児童が十分に表現に慣れ親しんだ第4・5時の段階で，記録に残す評価を行った。相手のことをより深く知るために友だちと好きな曜日について紹介し合う活動を通して，相手の話を聞いて意味が分かっているかどうかを見取

った。相手のこと
をより深く知るた
め，聞き手は，確
かめながら聞いた
り，反応しながら
聞いたりすること
を大切にし，評価
方法は行動観察や
振り返りシートの
分析を中心とし
た。

　さまざまな友だ
ちと紹介し合う活

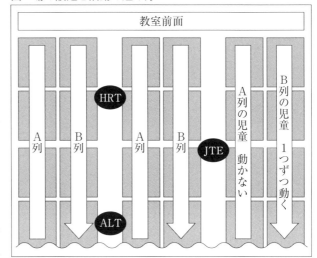

図　場の設定と活動の進め方

教室前面

A列　B列　　A列　B列　　A列の児童　動かない　　B列の児童　1つずつ動く

HRT　JTE　ALT

動では，話し手の発表内容が次第に充実することも多く，それに伴い，聞き
手は，複数の情報を統合して内容を理解する必要性が高まる。そこで，その
ような聞き手の姿を限られた時間でよりよく見取るため，第4時はペアやグ
ループで，第5時は図のような場で時間を区切り相手を代えながら紹介し合
う活動を設定し，指導者が教室を回り評価した。

　あらかじめ，指導者間で「めあて」に沿う児童の姿を共有しておき，第4
時には，学級で共有したい児童の姿や引き続き変容を見取りたい児童を中心
に見取った。第5時には役割を分担し，前時に十分に見取れなかった児童や
変容を見取りたい児童を中心に見取り，JTEが評価を取りまとめた。事前
に評価場面等を具体的に想定しておくことは，児童のがんばりや困りを把握
しやすい活動形態について検討することにもつながる。また，行動観察と併
せて，振り返りシートや授業の様子を撮影した動画等，必要に応じて後から
見返すことができる方法を採り入れることも一案である。

4　児童の変容

　行動観察や振り返りシートの点検・分析等を通して，段階的に表現に慣れ
親しみ，指導者や友だちとの伝え合いを楽しみ，自身の変容を自覚する児童

の姿が見られた。第5時には，You like ～．や Me, too. などの表現を用いて，聞き取ったことを確かめたり，自分の考えを伝えたりする姿も見られた。また，振り返りには，「みんなとの交流で分かったことがたくさんあった。みんなのことが分かってよかった」などの記述も見られ，友だちの話を聞き，理解が深まる喜びを感じている様子も伺えた。多様な他者と協働するうえで，相手が何を伝えようとしているのか推測しながら聞く姿勢は欠かせない。児童を励まし，学びへの意欲を高めるような評価のあり方について今後も模索していきたい。

■ここがポイント！…泉　惠美子（関西学院大学教授）■

外国語活動は聞くこと，話すことを中心に，3観点を踏まえ，児童の顕著な事項を文章の記述で評価する。そのなかでも，児童が話されている話題に興味を持ち，曖昧さに堪えながら英語を聴き続けようとする態度，絵などの視覚補助や指導者の表情やジェスチャーなどの非言語手段も活用し，推測しながら聞き，内容を何とか理解しようとし，聞けた・分かったという有能感を持たせることが重要である。本実践でもそれらを踏まえた指導と評価が行われ，聞かせる工夫が随所に見られる。

①JTE，ALT，HRT が，話題や言語材料は共通であるが，少しずつ異なる内容や表現を用いて話し，児童にたくさん聞かせている

②ICT を駆使して，絵本やチャンツなどで児童の興味を引き付け，飽きさせないで表現を理解させている

③相手のことを深く知るために，好きな曜日と理由を何度も聞こうと児童に促している

等である

また，行動観察と振り返りシートの分析で評価を行っているが，机の配置や言語活動の形態を定め，各児童をていねいに見取っている。聞くプロセスは脳内で起こり，知ることはむずかしいが，毎時の振り返りシートへの児童の記述や行動を通して，理解度を測り変容を見つつ，指導改善にも生かされている。

2 5領域別の評価事例：「読むこと」の評価（外国語科）

《ノートルダム学院小学校》

ストーリーを使った読みの指導とその評価

同校英語科ヘッドスーパーバイザー　田縁　眞弓

1　学校の概要（QR1）・対象となる単元

QR1

> 5年生・6年生　単元を越えた指導　お話を読もう　MMストーリー
>
> 単元目標：お話の読み聞かせを聞き内容を理解し，その内容を友達に伝える。
>
> 準備物：本校オリジナル「MMストーリー（英語の読み聞かせ教材）」PPTファイル　児童用に作成したワークシート

2　評価規準（QR2：対象児童ならびに使用教材）

QR2

知識・技能	思考・判断・表現	主体的に学習に取り組む態度
・物語に出てくる語句や表現を理解している。〈知識〉 ・音声で十分慣れ親しんだ語句や表現で書かれた物語を読んで意味が分かるために必要な技術を身に付けている。〈技能〉	・音声で慣れ親しんだお話の内容を友達に伝えるために，絵本を読んで概要を捉えている。	・文字を読んで意味を理解しようとしている。 ・話の展開を予想し，他者に伝えようとしている。また，読んだ内容から登場人物の気持ちを推測しようとしている。

※単元における評価規準は「聞くこと」「話すこと」「読むこと」とするが，ここでは「読むこと」のみ記載。

3　単元での「読むこと」の評価の流れ

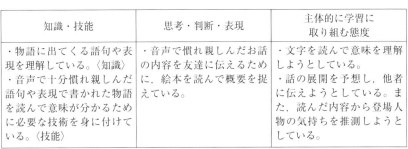

> ストーリーテリングによる読みの指導と評価の位置づけ

　本私立小学校では，時間をかけじっくりとスパイラルに読みの指導を行ってきた（QR3参照）。なかでも，低学年では常に絵本の読み聞かせをカリキュラムに取り入れ，教師の読み聞かせや，挿絵を頼りに内容理解を高める活

QR3

動としている。また英語劇発表会という形で，絵本の内容を劇で児童全員が舞台で演じる年間行事もある。さらに，学年が上がり児童の知的好奇心が高まるのを待って，読み聞かせだけにとどまらない4技能統合型の指導としてストーリーテリングの可能性を考えた。

中学年からは，Graded Readers と呼ばれ，英語圏の子どもたちの「音から文字への指導」によく使われる英語絵本の読み聞かせも取り入れトップダウンの文字指導を行うとともに，文科省の移行期間高学年用教材（We Can! 1, 2）にもあるアルファベットジングルを活用。一文字一音の音素の指導（ボトムアップ指導）も行ってきた。また，朝の帯活動としてネイティブ教員が絵本の読み聞かせを行った動画を学校全学級で毎週視聴し，翌週には内容理解の振り返りも実施している。

このように今まで構築してきた読みの指導を，高学年を対象として実験的にカリキュラムに取り入れた実践の報告となる。ここでは，今まで低学年から取り入れてきた振り返りカード以外に，行動観察，読みの力を見るワークシートの記述分析，最後に，児童が絵を見ながらお話の展開を話すインタビューでのパフォーマンス評価も取り入れた。今回の試みは，評価事例に言及されている「言語外情報を伴って示された簡単な語句や基本的な表現を，児童が文字の音（語の中で用いられている場合の文字が示す音の読み方）を手掛かりに，推測して読むようにする」（『参考資料』39頁）への小学校現場からの提案授業でもある。

4　今までの絵本指導

絵本の活用にはさまざまな方法がある。同じ表現が何度も繰り返され，楽しい絵や場面設定のなか，たくさんの表現が出てくる絵本を使えば，単元を通してそれらの語彙や表現の習得をめざすこともできる。中学年向けの教材（Let's Try! 1, 2）で各一つずつ扱われている絵本を使った単元はこれに当たるだろう。

本校でも，低中学年の指導では，そういった絵本を用いたストーリーテリングの手法を活用している。すなわち，絵本に出てくる語彙や表現をおおむね理解できることを知識・技能，教師とのやり取りによって内容理解を深め

ることを思考・判断・表現とし，絵本で得た知識・技能を使い，相手意識をもって伝え合ったり，他者に向け発表できることで主体的に学ぶ姿を見取るとしている。その評価の方法は，それぞれ児童の行動観察，および振り返り紙の自己評価や記述が中心となるが，今回は高学年においてさらにワークシートの記述分析ならびに話の内容を人に伝えるパフォーマンス評価を試みる。

5　ストーリーテリングと評価計画：第7・8時の授業について(QR4)

QR4

(1)　第7・8時の目標

○ストーリーテリングの音声で慣れ親しんだ文字を読んで意味が分かる。

(2)　第7・8時の評価規準

○文字を見て単語の認識ができる。　　　　　　　　　　　　【知識・技能】

○音声で慣れ親しんだお話の内容を読み，概要を捉えようとする。

【思考・判断・表現力】

○ストーリー内容の次の展開を考えられる。【主体的に学習に取り組む態度】

(3)　2回の授業で使用したワークシートとそのポイント

　第7時の授業で使ったワークシートでは，ストーリーのほぼすべてをカバーするテキストを8文で示した。すでに児童は教師による読み聞かせである程度の内容理解ができているなか，記憶と文字を音声化できる力を駆使して，本文を読もうと試みる。

ワークシート作成のポイント
読み聞かせと同じ文を再利用し，児童が読めそうな単語を多用した。
取り組み時間に差が出ることを想定し，早く問題が解けた子に向け，Q2の問題をオプションで追加している。

MM Story ワークシート Review (1)

Q1.正しい単語に○をしましょう

①Ray and Mayu are (bad/good) friends.
②They are (ten/eleven) years old.
③They live next door to each other.
　They go to school with Ray's brother, (Joe/Willy).
④Joe is (nine/ten).
⑤One day, Ray and Joe find a (dog/cat). His name is Toro.
　They like Toro very much.
⑥Mayu asks her (father/mother) if she can keep him as a pet.
⑦He is a very special (dog/cat).
⑧He can (talk/sleep)!

Q2.自分の選んだ答えをノートに写しましょう

２択問題の単語は，どちらか一つには，児童の読める力に近いものを選んだ。

　第７時のワークシートの答え合わせのあと，回収したところ全員が正解であった。そこで，第８時は同じ問題ではあるが，選んだ単語を４線の上に書写するものとした。

ワークシート作成のポイント
文の中に書かせることで各センテンスを文と意識させることを意図している。
最後には自分の意見を問う問題も入れた。
引き続き読みに関わることの動機付けを高めた。

配布プリント No.5　**MM Story Review (3)**　R＿＿No＿＿Name＿＿＿＿＿＿
Q. お話の内容にそって正しい単語をえらび書きましょう
Ray and Mayu are ＿＿＿＿＿＿ friends.　　（bad/good）
Toro is very smart. He can speak ＿＿＿＿＿＿（Japanese/English）.

Toro is ＿＿＿＿＿.（small/big）　Toro is ＿＿＿＿＿.（cute/pretty）

"He is just like the cat I had when I was a ＿＿＿＿＿（child/baby）."

"Yes, that was me!" Toro says in a ＿＿＿＿＿ voice.　（big/small）

The children are very surprised and look at each other.
Q. Toroはなぜお母さんの飼っていた猫だったといったのでしょう？　自分の考えを書きましょう。

　「書く」ことにつながるワークシートではあるが，「読んで」２択をしたうえでの書写であり，読みに重きを置いた活動と位置付けた。前時同様に，「答え合わせ」として何度もこれらの文を音声化し，全員が声に出して読む活動ともした。最後の問題は，取り組みの所要時間調整であるとともに，読みに関わろうとする児童の積極性から，主体的に学習に取り組む態度を次時以降の振り返り紙記述から見取ることもできた。

(4)　児童の振り返りシート（QR5）

QR5

　今回の読みの指導においては，一度の指導時間が短いことから毎回振り返りを実施することがむずかしかったが，５回の振り返りを実施した。

　振り返りの質問やその答えの段階設計で，教師が授業を通して<u>児童に付けたい力</u>と<u>児童自身がめざしたいゴール</u>へのベクトルをそろえ，そのゴールを共有することが可能になると考える。とくに，ストーリーテリングを使った今回のような指導においては，児童がどんどん内容に惹かれて「自分で読みたい」という意識を高めることを一番の目的としたが，ストーリーを楽しみながらもめざす出口を双方が意識することが必要であると思われる。

６　ストーリーテリングと評価の今後

　長く絵本の読み聞かせなどの指導を行ってきた私立小学校での実践例であ

り，このまますぐに公立小学校で同じことができるものではないだろう。とくに今回の実践では，読みの力を高めるために，児童の指導者自身が教材開発やワークシート作成をしたうえで実践を行った。ストーリーテリングを教室で行う場合，その教材選定ならびにワークシート作成も指導の進め方に大きな影響を与えるが，そのような時間を取ること自体むずかしい。

　しかし，今後小学生がつけるべき読みの力や方向性を考えたとき，文字で書かれたメッセージへの興味を喚起し，読みの力へ導くために絵本やストーリーを使っての指導の可能性は限りなく大きい。それに伴い，そこで身に付けた力を，いかに評価するかは今後もさらなる研究が必要であろう。やっとスタートに立った本校の指導が少しでも参考になれば幸いである。

《参考文献》
　小野尚美・田縁眞弓・高梨庸雄（2020）．「リテラシー教育の視点に基づくStorytelling 活動——小学生の英語読み書き能力を養う Learning by Storytelling（LBS）の開発」『JES Journal』Vol.20，小学校英語教育学会.

■ここがポイント！…泉　惠美子（関西学院大学教授）■

　「読むこと」は，アルファベットが読める，音声で慣れ親しんだ単語や文が読める（decoding）レベルから，読んで概要を捉えたり，意味内容が理解できるレベル，さらに，読み手が自分の知識や経験と照らし合わせながら表象を作り上げ，登場人物の考えや気持ちを類推したり，展開を予想したり，自分ならどうするかを考えたりする深いレベルまでさまざまである。評価方法としては，音読などの行動観察やワークシート記述分析（文中語彙選択，絵と単語・文の合致，絵の並び替え，絵本やパンフレットの内容理解）などがある。本実践は，児童の興味を高めるストーリーを作成し，ALT が何度も読み聞かせをしながら，児童が記憶にある音を文字に当てはめて意味を推測しながら読んで理解させたのち，ワークシートを活用した読みのクイズや，音読によるパフォーマンス評価を取り入れている。また，CAN-DO 評価を用いて，児童の主体的な態度を育てる形成的評価を行うなど，指導と評価が一体となっている。児童は楽しみながら絵と音と文字を結び付け，自分で読めるようになっていく実感を持ちつつ学習に取り組んでいる。さらに，ストーリーを用いて，聞く，読む，書く，話すといった技能統合も行われておりみごとである。

《琉球大学教育学部附属小学校》

外国語科における「やり取り」の評価

同校教諭 山中　隆行

　本事例では，琉球大学教育学部附属小学校（QR1：学校の概要）における「話すこと［やり取り］」の評価の実際を紹介する。

1　本事例の特徴

　「やり取り」を評価する際に大切にしたいことは，実際のコミュニケーションの場面における子どもの姿を見取ることである。そこで，本稿では，「やり取り」の評価について「行動観察」と「パフォーマンス評価」の組み合わせを紹介する。言語活動の限られた時間や見取る人数を考えると，行動観察のみで評価することはむずかしい。行動観察とパフォーマンス評価の二つを組み合わせることで，子ども全員を見取ることが可能となり，信頼性も高まると考える。

2　単元について（5年生 We Can! 1 Unit 6「I want to go to Italy.」）

(1)　評価規準（「話すこと［やり取り］」の観点のみを記載）

観点	知識・技能	思考・判断・表現	主体的に学習に取り組む態度
話すこと［やり取り］	〈知識〉国名や You can see，I want to go to 等の語句や表現について理解している。〈技能〉紹介したい国について，You can see，I want to go to 等の表現を用いて，考えや気持ちを伝え合う技能を身に付けている。	おすすめの国を紹介したり，自分の行きたい国を伝えたりするために，紹介したい国や行きたい国について，簡単な語句や表現を用いて，考えや気持ちを伝え合っている。	おすすめの国を紹介したり，自分の行きたい国を伝えたりするために，紹介したい国や行きたい国について，簡単な語句や表現を用いて，考えや気持ちを伝え合おうとしている。

(2)　単元の評価計画（「話すこと [やり取り]」の観点のみを記載）

時	1	2	3	4	5	6	7
評価観点	目標に向けての指導はするが 記録に残す評価はしない				知・技	第1時～4時 までと同様	思・判・表 主体的
評価場面					Activity		Let's Talk

3　評価の実際

(1)　行動観察による「話すこと [やり取り]」の知識・技能の評価（第5時）

【知識・技能】おおむね満足できる (b) の評価基準
紹介したい国について，国名や国を紹介する語句や表現の活用が，<u>正確ではないが友だち同士で学び合いながら（想定される子どもの姿）</u>，考えや気持ちを伝え合っている。
※対話が断続的でも，時間内に，国を紹介できればよい。

おおむね満足できる (b) の基準を作成し，十分満足できる (a) と努力を要する (c) を考えた。現実的に子どもの一瞬のやり取りから (a)・(b)・(c) を事細かに見取ることはむずかしい。(b) より上は (a)，(b) より下は (c) とすることで評価がしやすくなり効率的である。本実践では，(b) の基準を「評価規準の文言に，想定される子どもの姿を重ねて」作成した。（他の観点も同様の手順で作成したため，以降省略）

ここでは，ケンとリコのやり取りを評価した（名前は仮名）。ケンは，①のように時々国を紹介する表現が思い出せず会話がとまる場面が見られた。しかし，リコに英語表現を教えてもらい（②），国を紹介していたので評価基準に従いおおむね満足できる(b)と評価した。一方で，ペアのリコの使う英語表現は正しく，友だちの助けも必要なくスムーズに国を紹介していたので，十分満足できる(a)と評価した。

ケン：My country is France. You can see ツールドフランス（Tour de France）. You can eat エスカルゴ（escargot）. Japanese，カタツムリ．
リコ：Really!? Yummy?
ケン：Yes. Yes. You can…（止まる）…①
リコ：buy. You can buy だよ。…②
ケン：あぁ。You can buy macaroon. It's delicious. How about you?
リコ：This is Austria. You can see orchestra. We play violin in orchestra.
ケン：Violin!
リコ：You can eat chocolate. It's delicious. You can buy gelato（ジェラート）. It's a nice gift.
ケン：That's nice.
リコ：Thank you.

(2) 行動観察による「思・判・表」および「主体的」の評価の実際（第7時）

【思考・判断・表現】おおむね満足できる(b)の評価基準
互いの行きたい国のよさを紹介し合うために，行きたい国について，<u>断続的ではあるが友達同士で学び合いながら</u>，行きたい理由など自分の考えや気持ちを伝え合っている。
※【主体的に学習に取り組む態度】の場合は語尾が<u>伝え合おうとしている。</u>

ここでは，カイとマリのやり取りを評価した（名前は仮名）。マリは，行きたい国がアメリカであることを伝えてはいるが，理由がIt's excitingとしか答えることができず，「互いの行きたい国のよさを紹介するために」という目的を達成するには不十分と考え，努力を要する(c)と評価した。よって，やり取りのパフォーマンス評価を行う際には，目的や基準等を明確に伝えたうえで取り組ませるようにした。マリの主体的に学習に取り組む態度に関しては，反応を示したり，①のように聞き返したりと粘り強く取り組む姿が見られたので，おおむね満足できる(b)と評価した。一方で，カイは言語材料の活用が正確ではない部分があ

マリ：Hello. Interview, O.K? Where do you want to go?
カイ：I want to go to Chili.
マリ：Why?
カイ：Because I want to (go to) Easter Tou (Island). (I want to) see Moai.
マリ：One more time, please. ①
カイ：I want to go to Easter Tou (island).
マリ：What's "Easter Tou?"
カイ：Easter Tou is small island. ②
(I want to) see Moai. Moai Zou. How about you?
マリ：I want to go to U.S.A.
カイ：Uh-huh, Why?
マリ：Because It's exciting.
カイ：Exciting? Why?
マリ：It's exciting.
カイ：American food is delicious.
American food is…Do you like American food? ③
マリ：Yes, Yes.
カイ：I like hamburger(s), hot dog(s).
It's delicious. ④
マリ：Big.
カイ：Yes. Big burger is good. ⑤ （終了）

るが，マリからのWhat's Easter Tou?の質問に，その場で②のように応答したり，マリがアメリカのよいところを紹介できずにいる場面では，③④⑤のように既習表現を用いてアメリカのよさを付け加えたりしている姿が見られた。これは，やり取りの目的である「互いの行きたい国のよさを紹介し合うために」を十分に達成している姿だと考える。よって，カイの思考・判断・表現の評価は十分満足できる(a)とした。併せて，コミュニケーションへの意

欲も感じられるので主体性も十分満足できる(a)と評価した。

(3)　やり取りにおける「主体的に学習に取り組む態度」の評価の留意点

　　この観点で評価するのは,「粘り強い取り組みを行おうとする側面」と「自ら学習を調整しようとする側面」である。先述したマリの分からない場合に聞き返すなどは前者にあたる。一方で以下に紹介する振り返りカードの下線部の記述は後者にあたる。自分のやり取りをよりよくするために, 友だちたちのよい点を取り入れようとするなど学習を調整していることがうかがえる。やり取りのように実際のコミュニケーションの場面から評価することは重要であるが, その部分では表出されなかった子どもの主体性を振り返りカードの記述から分析し, 補完的に評価することも求められる。

3　感想（気づいたこと・もっと知りたい・日本語と英語の共通点やちがう点など）

| 第5時 | 今日の授業で,(例)こうたさんが,最後は,「チーズが大好きな人は,スイスに来てね」と英語で言っていたので,とてもすごいなと思いました。なので次の授業は,わたしもつけたしたいです。 |

4　パフォーマンス評価の概要および実際の評価（学期における総括評価）

Why	子どもに身に付けさせたい資質・能力が身についているかを見取り評価する
When	学期末に1回。3学期制では, 年に3回
Where	別室（教室・英語室以外）
What	知識・技能, 思考・判断・表現, 主体的に学習に取り組む態度の3観点
Who	担任（記録）・ALT／英語専科教員（インタビュー）
How	ALTや専科教員と1対1のインタビュー（1〜2分）時数：英語1時間

課題	ブラジルの小学校から, 転校生が来ました。好きなもの（スイーツやスポーツなど）を紹介し合い, 仲良くなりましょう。（2019, 5年生）		
規準	転校生と仲良くなるために, 好きなものについて, 簡単な語句や基本的な表現を用いて自分の考えや気持ちを伝え合っている。		
観	知識・技能	思考・判断・表現	主体的
評価基準	「スイーツ名」等や「I like」等の言語材料の活用が ・正しく, 会話している　◎ ・十分ではないが, 　会話している　　　　　○ ・まだできない　　　　　△	仲良くなるために（目的），既習表現を用いて,「質問」「自分の好きなもの紹介」の, ・2つしている　　　◎ ・どちらか1つ　　　○ ・まだできない　　　△	「粘り」「ゆっくり話す（相手意識）」の, ・2つしている　◎ ・どちらか1つ　○ ・まだできない　△

　　資質・能力を一体的に見取り, 評価するために3観点の基準を作成した。

「知識・技能」は言語材料の活用，「思考・判断・表現」は，目的（転校生と仲良くなる）を達成するための既習表現を用いたやり取り，「主体的」は，粘り強さや相手意識があるかで見取ることとした。右のハナは，①②⑤の発話から「転校生と仲良くなるために」質問をしたり，自分の好きなものを既習表現を用いて伝えたりしているので「思考・判断・表現」を十分満足できる(a)とした。「知識・技能」の

転校生（ALT）：Hello. How are you?
ハナ：I'm fine，thank you. How are you ?
転校生：I'm hot.
ハナ：Uh-huh，me too. Uh…，
What sweets do you like? ①【思・判・表】
転校生：I like ice cream.
ハナ：Oh，that's nice.
転校生：How about you?
ハナ：I like chocolate cake. ②【知・技】
　　　　　　　　　　　　　　　　【思・判・表】
転校生：chocolate cake! That's yummy.
ハナ：cakes…don't like? ③【知・技】【主体的】
転校生：don't like?
ハナ：What don't like? ④【知・技】【主体的】
転校生：Oh! What is the sweet that you don't like? （ハナがうなずく）Uh…I don't like cakes.
ハナ：Why?…⑤【思・判・表】
転校生：Too sweet.（終了のタイマーが鳴る）

観点については，③④のように言語材料の活用が正確ではないが，実際のコミュニケーションは図れているので，おおむね満足(b)とした。併せて，③④の発話から粘り強さ等があると捉え，「主体的」は十分満足できる(a)とした。

■ここがポイント！…大城　賢（琉球大学名誉教授）■

　「聞くこと」「読むこと」「書くこと」の評価についてはワークシートを使うなど児童を一斉に見とることが可能である。しかしながら，「話すこと」，とりわけ「やり取り」は「児童観察」だけでは限界があると思われる。そこで山中先生は「やり取り」におけるパフォーマンス評価に取り組んだ。
　パフォーマンス評価（やり取り）においては本事例のように評価基準を明確に設定しておくことが大切である。知識・技能においては，求められる技能が活用されているか，思考・判断・表現においては「目的」を達成するための工夫が見られるか，また，「主体的に学習に取り組む態度」においては意欲に加えて「ふり返りカード」などを通して「自己調整」の能力などを見ることがポイントとなる。また，信頼性を高めるためにはパフォーマンスを録画し後日確認することも大切となろう。さらに大切な点は評価を指導や学習に活かしていくことである。パフォーマンス評価は観察では見ることができない児童の実態を把握することができるものと思う。それを児童の学習改善や，指導者の指導改善につなげることが大切となる。

2

5領域別の評価事例：「話すこと[やり取り]」の評価（外国語科）

《岐阜県岐阜市立厚見学園》

学習・指導改善につなげる 「話すこと［やり取り］」の評価の工夫

同校主幹教諭 山口 美穂

1 厚見学園（厚見小中学校）の小中一貫英語科教育

厚見学園（QR1）は，2020年度から校区の小学校と中学校が一つになり小中一貫校としてスタートし，小中連携英語専科教員が小中英語科の担当を開始した。

QR1

2 Small Talkの継続的な実践と複数の単元を通した評価のあり方

「話すこと［やり取り］」の力を伸ばすためには，英語を使いながら身に付ける継続的な活動を積み重ねることが大切である。そこで5・6年生では，毎時間の授業開始直後に10分程度のSmall Talkを行っている。本校のSmall Talkは児童の興味ある事柄やその時々の学校行事など，児童が「今話したい！」と感じる話題について，目的・場面・状況を明確に提示して，ペアで1〜2分間程度の会話を毎時間2回程度行っている。この活動により児童が既習表現を使って即興的に会話をする経験を継続的に積ませることができる。

Small Talkの活動では，年間で4回程度「パフォーマンステスト」を実施し「記録に残す評価」を行っている（77頁参照）。また，児童の学習状況を記録に残さない活動や時間においても，教師が児童の学習状況を適宜把握して児童の学習改善や指導の改善に生かすことが不可欠である。ここでは，Small Talkにおける相互評価や自己評価を用いた児童の学習改善の取り組みと複数の単元を通した「話すこと［やり取り］」の評価の事例を紹介する。

⑴ 児童の学習改善をめざしたSmall Talkの相互評価の工夫

Small Talkを継続的に実施するなかで，教師から見て流暢に会話できるようになってきている児童の様子が見られるものの，振り返りのカードの記述から児童自身が自分の成長に気付いていないことが少なからず見受けられ

る。そこで児童が自分の発話や，やり取りの様子を客観的に捉えることができるように，児童相互でSmall Talkの様子を観察・記録することとした。

　方法は，4人1組で図1のようにAとBの会話の様子をCとDが観察して記録する。交代してCとDの会話をAとBが観察する。次にペアを替えてAとCの会話をBとDが，BとDの会話をAとCが観察する。これにより，各児童は異なる2人の相手と合わせて2回会話を行い，他ペアの会話を2回観察することになる。会話

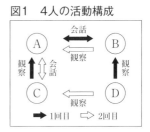

図1　4人の活動構成

の観察を行う際は，表1に示された5項目の表現が会話のなかで使用された回数を数え，話し手の児童の観察記録カード（QR2）に記録する。これらの5項目は，会話を継続し，話題を広げたり深めたりするために有効な方略であり，児童に定着させたい内容を項目ごとに整理したものである。会話後には，よかった点や改善点などのコメントも記入しカードを話し手に返却した。また，5項目のなかから本時の重点目標を決めて取り組ませると，意識してその表現や方略を使用するため会話の質の向上や方略的な表現の定着が期待できる。

QR2

表1　Small Talkの相互観察の五つの項目

①繰り返し	繰り返し方により，確認，問い返す，驚きなど感情を込めて伝えられるようにする。
②賛成・反対	相手の話について「Me，too. Really? I like it，too. No，I don't like it.」などの表現を使って反応
③プラス一言	「Good. It's nice. You can do it.」など関連した単語や文で反応
④さらに質問	「Why? What kind of ice cream do you like?」など関連した質問
⑤その他	ジェスチャーや黙ってうなずくなどの方略を使った反応．「Pardon? One more please. I don't know.」などわからない時の答え方，「Let me see.」などの表現

(2) パフォーマンス動画の活用による自己評価の工夫

　(1)で示した観察カードを用いた相互評価に加え，児童が自分の会話の様子を客観的に捉えるために，Small Talkの様子を4人1組で撮影し合い，その動画を見ながら自己評価を行った。4人の内訳は，会話をする児童2名，撮影者2名である。撮影者は，タブレットを用いて撮影する。撮影者からのコメントと動画を視聴後の自己評価との共通点や相違点を認識できるように

QR3

した（QR3）。自己評価が低い傾
向の児童も，他者からの励まし
の言葉で自信が持てることが多
い。パフォーマンス動画による
自己評価の機会は，複数の単元
が終了した後など回数を絞り，
あらかじめ年間指導計画に位置
付けておくとよい。児童の自己

▼タブレットによる撮影の様子

評価の記述を見ると，「Do you like 〜？の表現が出てこなくて詰まった。次
にやるときは少しでも会話を長く続けられるようにしたい」「思っていたよ
り，話せていた。もっと，理由を聞く質問ができるようになりたい」など具
体的な内容での振り返りが多く見られた。動画の視聴を通して自己の課題を
捉えて学習意欲を高めることができるものと考える。また，複数の単元を通
した自己の成長を捉える自己評価の記述から「主体的に学習に取り組む態度」
の変容を見取ることが可能となる。さらに，即興的な会話のなかでの既習表
現の定着の様子や状況に合わせて考えながら発話しているかを教師が捉える
ことができ，指導改善に生かすことも可能である。

3　教師による評価の評価規準と評価例

　年間4回程度，教師によるパフォーマンステストを実施している（**表2**）。
方法は，ALTと児童が1対1で会話し，担任または英語専科がその様子を
観察しながら評価カードを使用して評価している。児童から話を展開するよ
うな設定にすることで，「主体的に学習に取り組む態度」の評価が可能である。

表2　パフォーマンステストの課題例と評価規準

【場面】あなたが，家に帰ってきたとき，リビングに初めて会う外国の方が座っていました。（ALTさんですが初めて会う人と思ってください） 【状況】お家の方は，キッチンでお茶を入れています。「あなたが，しばらくの間，お客さんのお相手をしていてね」と言われ，2人きりです。 【目的】初めて日本に来た旅行者のようです。自分の好きなものや岐阜の名所や名物などを紹介して，あなたから話しかけて楽しく会話しましょう。（1〜2分）		
知識・技能	思考・判断・表現	主体的に学習に 取り組む態度

〈知識〉 挨拶・自己紹介や I like/want/have 〜. You can see/eat/buy 〜. What + 名詞 + do you like? について理解している。 〈技能〉 自分の好きなことや岐阜市の名所や名物について（言語材料は技能と同様）適切な文の構成，アクセント，流暢さで伝え合う技能を身に付けている。	初めて出会った外国からの旅行者と楽しく会話をするために自分の好きなことや岐阜市の名所や名物について既習の英語表現を使ってその場で適切に答えたりして考えや気持ちなどを伝え合っている。	初めて出会った外国からの旅行者と楽しく会話をするために自分の好きなことや岐阜市の名所や名物について自分から質問をしたり，相手の反応に適切に答えたりしてお互いの考えや気持ちなどを伝え合おうとしている。

(1) 児童の学習改善，教師の指導改善につながる評価表の工夫

　次々と展開される児童の会話を瞬時に評価するために，図2のように評価の観点が端的な言葉で示され，一見して判断しやすい評価表を用いることが大切である。パフォーマンステストの評価例については QR4 を参照いただきたい。

QR4

図2　パフォーマンステストの評価表

知識・技能	I like 〜.			
	What 〜 do you like?			
	①文構造	A	B	C
	②流暢さ	A	B	C
	③伝わる声	A	B	C
思考・判断・表現	④応答	A	B	C
	⑤談話力	A	B	C
主体的に学習に取り組む態度	⑥円滑	A	B	C
	⑦様々な方略	A	B	C

- 目的・場面・状況に応じて，相手の話に適切に答える。
- 目的・場面・状況に応じて会話をさらに継続できる
- 呼び掛ける・相づち・聞き返す・繰り返す　など自然に近い会話
- 相手を意識した目線・表情・ジェスチャーなど

(2) 「話すこと［やり取り］」の評価例（QR5）

QR5

　【知識・技能】児童1は挨拶・自己紹介で会話を始めて，I like 〜 ./You can see 〜 ./What 〜 do you like? などの表現を理解し，それらを使って尋ねたり答えたりしている。また，適切な文の構成・流暢さも「十分満足できる」状況であるため「知識・技能」は(a)と判断した。

　【思考・判断・表現】児童2は，相手の質問には答えずに覚えていたことを一方的に話して相手の気持ちや考えを聞こうとしていない面があったため「思考・判断・表現」は「努力を要する」状況(c)と判断した。そこで，この児童には，相手の話に対して反応し，関連した話題で質問を続けていけるように会話の流れを意識するように伝え，次の単元の Small Talk で ALT と授

業者のモデルスキットや児童への問いかけを通して例を示していく。

　【主体的に学習に取り組む態度】児童2は，表情豊かにジェスチャーで補いながら積極的に伝えようという意欲が感じられたため「主体的に学習に取り組む態度」は「おおむね満足できる」状況(b)と判断した。

　教師によるパフォーマンステストの評価と同時に，結果を児童にわかりやすいように表現したコメントカード（QR6）を作成して渡す。これは，児童自身ができていることを明確に認識し，自信を高めるためのものである。

(3)　自分の成長が実感できるポートフォリオ（QR7）

　児童は，単元振り返りカードやコメントカードなどの1年間の英語学習の「学びの足跡」を蓄積してポートフォリオを作成する。これを振り返ることは，自己の成長や課題を自覚し，学習の改善に生かしたり英語を話すことに自信を持ったりすることにつながる。教師は年間を通した総合的な評価の仕組みを構築し指導することが大切である（QR8）。

■ここがポイント！…巽　徹（岐阜大学教授）■

　本事例では，主に既習表現を用いて行われるSmall Talkの活動に注目して，その評価のあり方を紹介している。Small Talkは，さまざまな話題について年間を通して実施されるものである。そこで，各授業において目標を設けて指導し，児童の学習状況を確認することに加え，まとまった期間を通して，児童の「話すこと［やり取り］」の力の評価を行うことは不可欠である。

　厚見学園では，児童自らが自身の学びを客観的に捉えることができるようにするために，児童同士の「相互評価」や動画を用いた「自己評価」を行っている。これらを通して，学習の自己調整を促しつつ，パフォーマンステストを計画的に実施するような総合的な流れが形作られている点が特徴的である。複数の単元を通してSmall Talkの評価を行うには，本事例に示されたポートフォリオを活用した総合的な評価の仕組み（QR8）が有効となる。

　小中一貫校となった厚見学園では，小学部でのこれらの取り組みが中学部に合った形で連携されることにより，学園全体の英語によるコミュニケーション能力の育成がさらに充実されることが期待される。

２　５領域別の評価事例：「話すこと[やり取り]」の評価（外国語活動）

《岐阜県大垣市立小野小学校》

気持ちや考えを伝え合う活動で，
自分のよさや伸びを実感できる評価

同校教諭　古橋　恵美

1　学校の概要

　本校の概要については QR1 を参照いただきたい。取り上げる単元は以下のとおりである。

QR1

> ３年生　Let's Try! 1　Unit 9「Who are you?」好きな動物は？
> 単元目標：学級の友達とお互いの好きな動物を知るために，相手に伝わるように工夫しながら，自分や相手の好きな動物について，既習の語句や表現を用いて，色や特徴などを尋ねたり答えたりして伝え合う。

2　本単元における評価規準

	知識・技能	思考・判断・表現	主体的に学習に取り組む態度
話すこと[やり取り]	動物の名前や身体の部位，動物の特徴を表す表現や Who are you? / Are you a ～? を用いて，好きな動物について互いに尋ねたり答えたりすることに慣れ親しんでいる。	学級の友達とお互いの好きな動物を知るために，相手に伝わるように工夫しながら，自分や相手の好きな動物について，既習の語句や表現を用いて，色や特徴などを尋ねたり答えたりして伝え合っている。	学級の友達とお互いの好きな動物を知るために，相手に伝わるように工夫しながら，自分や相手の好きな動物について，既習の語句や表現を用いて，進んで色や特徴などを尋ねたり答えたりして伝え合おうとしている。

QR2

※ QR2：単元指導計画（全６時間：短時間学習を含む）参照。

3　本校の英語教育における評価について

　本校の英語教育では，活動の目的や場面，状況に応じて，その場で即興的に既習表現を駆使して，考えながらやり取りをすることができる児童の育成

をめざしている。評価においては、「知識・技能」「思考・判断・表現」「主体的に学習に取り組む態度」の3観点をさらに具体的に示した12の下位項目を用いて評価規準を設定している（QR3：3観点と12項目のつながり）。各時間の活動では、それらのうち数個の項目に絞って計画的に評価することで、単元を通してすべての観点がバランスよく評価できるようにしてきた。これらの12項目は、外国語活動において見取る児童の具体的な学びの姿を、旧学習指導要領の4観点に基づいて示したものであるが、新学習指導要領の内容に合わせて改訂し、3観点に編成し直したものである。

QR3

QR4

本校ではこれらの項目に基づいた12種類のステッカーを作成し（QR4）、活動中にそれぞれの項目にふさわしい児童の姿を見つけ、その場で励ます言葉と共にステッカーを児童の肩に貼っている。授業においては学級担任（HRT）に加え、外国人講師（ALT）、日本

▼12項目のステッカー（QR4）

人地域人材講師（VET）とティーム・ティーチングが行われる場合もある。そこで、各指導者が色分けしたステッカーを用いることで、どの項目のステッカーを誰から渡されたかがわかるようになっている。ティーム・ティーチングでは、指導者が評価計画を共有し、評価の観点や評価対象とする児童を分担するなど事前の打ち合わせが大切となる。

　ステッカーの活用により、児童が即時的に自分のよさや伸びを実感できるとともに、ステッカーを基に授業中の中間交流や活動後の振り返りの場面で、児童のよさを認めたり広めたりすることができる。児童は、振り返りカードにステッカーを貼りため蓄積していくことになり、蓄積されたステッカーから、単元を通した学習を主体的に振り返ることができる。また、教師が児童の学習状況を継続的に見取る材料として用いることも可能となる。

4 本時（単元末の活動）の授業について（QR5：本時の指導案）

(1) 本時（単元末の活動）の目標

　本時は，単元末の授業であり，前述の「単元の目標」をそのまま本時の目標とした。

(2) 本時の評価規準

○既習の語句や表現を用いて，相手の好きな動物を予想して質問をしたり，ヒントをよく聞いて類推しながらクイズに答えたりしている。

【思考・判断・表現】

○既習の語句や表現を用いて，自分の好きな動物について，どんな特徴を伝えたら分かりやすいか，考えながらヒントを出している。

【思考・判断・表現】

○仲間と好きな動物を伝え合うために，自分から進んで質問をしたり，分かりやすくヒントを出したり，反応しながらよく聞いて答えたりしようとしている。　　　　　　　　　　　　　　　【主体的に学習に取り組む態度】

5 本時における「話すこと［やり取り］」の評価例

　本時は，12項目のうち，ALT が "Think Talk"（「話すこと」【思考・判断・表現】）を，VET が "Response"（「聞くこと」【思考・判断・表現】）を，HRT が "Active"（【主体的に学習に取り組む態度】）を分担して評価することにした。また，指導者が複数である特性を生かし，単元末の活動においては，できるだけ全員の児童の姿を評価できるように心がけた。

(1) 活動中の「思考・判断・表現」の評価

①例１：出題者が積極的にヒントを出している場面

　児童Aは(1) "Are you white?" と，正答と異なる色を質問され，"No." と答えるだけでなく，(2) "I'm brown." と，自

〈出題者と解答者の会話例〉
例）A:出題者　　　B:解答者
AB: Hello.
B: Who are you?
A: Can you guess?
B: <u>Are you white?</u> (1)
A: <u>No. I'm brown.</u> (2)
B: Brown?
A: Yes. <u>I have black eyes.</u> (3)
B: Black eyes.
A: Yes. <u>I like banana.</u> (3)
B: Oh，I know. Are you a monkey?
A: Yes，I am. I'm a monkey.
　 I like a monkey.
B: <u>Me，too.</u> (4) Thank you.
（役割を交代してゲームを続ける。）

ら色を伝えている。その後も茶色の動物のなかで
もどの動物か分かるように，既習の表現である(3)
"I have 〜 ."や"I like 〜？"を使って，動物の
特徴や好きな食べ物のヒントを出している。児童
Bは，相手のヒントを聞いて，その語を口頭で繰
り返し，確認しながら相手の好きな動物を類推し

ている。また，相手の好きな動物が分か
った後に，(4)"Me, too."と反応している。
これらの児童の姿から，そのよさをメモ
し，児童Aに"Think Talk"，児童Bに
"Response"のステッカーを貼った。

②回答者が積極的に質問している場面

　児童Cは，なかなか答えが分からない
相手に対して，絵本の内容から"I have
shiny teeth."(7)と，分かりやすいヒン
トを考え伝えている。児童Dは，児童C
の日ごろの様子から「Cさんなら，
うさぎが好きかも？」と予想して，
既習の表現を用いて(5)"Do you
have long ears?"と質問をして
いる。また，児童Cから"brown"
という情報を得るが，茶色の動物
は複数考えられることから，聞き

```
〈出題者と解答者の会話例〉
例）C:出題者　　　D:解答者
CD: Hello.
D: Who are you?
C: Can you guess?
D: Do you have long ears? (5)
C: No.
D: Are you brown?
C: Yes.
D: Big or small? (6)
C: Big.
D: Hint please.
C: OK. I have shiny teeth. (7)
D: I know. Are you a horse?
C: Yes，I am. I'm a horse.
D: I see. It's cool. (8)
（役割を交代してゲームを続ける。）
```

取った内容をもとに(6)"Big or small?"と，その場で必要な質問をして答え
を絞ろうとしている。相手の好きな動物が分かった後に，(8)"I see."と反
応していることや相手の好きな動物について，(8)"It's cool."と即興的に感
想を述べていることから，児童Cに"Think Talk"，児童Dに"Response"
のステッカーを貼った。

⑵　活動後の評価

　活動後には，児童に「どんな動物が人気があったかな？」「友だちとお話

して何か新しい発見はあったかな？」などと問いかけ，活動して得た情報について，交流する場を設けることを心掛けている。英語でコミュニケーションを行うことで，相手のことがよりよく分かった！という喜びや，外国語を用いたコミュニケーションによっても，相手と仲良くなることができる！という思いを実感することが，その後の英語学習への意欲につながると考える。このような体験を重ねることにより，英語を使えばいろいろな国の人と仲良くなれるということをより深く理解することになり，高学年での教科としての英語の学びを支える素地を醸成し，意欲的に学習に取り組む姿につながるものと考える。

■ここがポイント！…巽　徹（岐阜大学教授）■

　大垣市は15年以上にわたり，小学校英語教育の先進的な取り組みを継続してきた。本事例で紹介されている，児童の学びの姿を見取るための「12項目のポイント」や「ステッカーの活用」も，これまでの長年の取り組みのなかで生まれてきたものである。

　音声を中心とする中学年の外国語活動では，児童の音声によるやり取りの様子をしっかりと見取る必要がある。一方で，瞬時に消えていくやり取りを的確にとらえ「思考・判断・表現」にかかわる様子を評価し，記録に残すことはやさしくない。ステッカーの活用は，児童同士の会話を阻害することなく児童の様子が観察でき，同時に，フィードバック情報を残すことが可能となる方法である。また，複数の指導者が項目を分担しステッカーを渡したり，複数回の授業を通して注目する児童を変えて計画的に評価を行ったりする方法など，やり取りの評価を充実させるための示唆に富んでいる。これらの工夫により，児童は活動後，時間をあけずに的確なフィードバックを受けることが可能となり，「自分のよさや伸び」をその場で実感することができる。それらを蓄積していく「振り返りカード」（QR6）では，まとまった期間での「自分のよさや伸び」を振り返る材料を提供できる。つまり，即時的・長期的な学習の振り返りが行われ，児童の「学習の自己調整力」が育まれていくことも期待される。

▼ステッカーを貼りためる「振り返りカード」（QR6）

QR6

2 ⑤領域別の評価事例：「話すこと［発表］」の評価（外国語科）

《東京都港区立白金小学校》

「話すこと［発表］」の評価を踏まえた
言語活動の設定，指導体制の工夫

東京都世田谷区立上北沢小学校主任教諭／前白金小学校主任教諭　白石　裕彦

1　学校の概要（QR1）・対象となる単元

QR1

> 5年生 We Can! 1 Unit 6「I want to go to Italy.」行ってみたい国や地域
> 単元目標：他者に配慮しながら，おすすめの国とその理由を伝えること
> ができる。
> 準備物：ポスター，振り返りシート　　　　　　（QR2：単元指導計画）

QR2

2　本単元における評価規準

知識・技能	思考・判断・表現	主体的に学習に取り組む態度
・I want to go to ～.や You can ～.などの表現について理解している。〈知識〉 ・世界の国々について，学習した表現を用いて，その国でできることなどを伝える技能を身に付けている。〈技能〉	・おすすめの国の魅力を紹介するために，簡単な語句や基本的な表現を用いてその国でできることなどを話している。	・おすすめの国の魅力を紹介するために，簡単な語句や基本的な表現を用いてその国でできることなどを話そうとしている。

3　本単元での「話すこと［発表］」の評価の考え方

(1)　言語活動の設定

　評価すること自体は目的ではない。児童の成長を把握し，価値付け，さらなる児童の成長につなげるためのものである。その観点からすると，評価を考える前に，まずは当該単元において，児童に育てたい力やめざすべき児童の姿を明確にしなくてはならない。そして，そのゴールに向かって，どのような言語活動や指導が必要か考え，どのように積み重ねていけば効果的かを

考える。それが，指導計画となるのである。

　本単元は，単元名の表現（I want to go to Italy.）にあるように，行って
みたい国・地域について伝えるという内容になっている。しかし，ただ行き
たい国を尋ねたり，発表したりするだけでは，三つの資質・能力は育たない。

　そこで，本単元のゴール活動として，「旅行代理店 PR 対決」を設定した。
児童は旅行代理店となり，他の児童に対して，その国のおすすめの理由を伝
える。複数のプレゼンテーションを聞いて，どの国に行きたいと思ったか，
Where do you want to go? と，お客さん役の児童に尋ねる。お客さん役の
児童は，それぞれの内容を比べたうえで，I want to go to ～ . と答える。友
だちの発表をよく聞き，考え，そのうえで選んだ自分の意見を伝える。旅行
代理店役の児童も，自分たちの国を選んでもらおうと一生懸命に伝えるだろ
う。お互いに真剣に，意欲的に取り組むことができる活動となっている。勝
ち負けはあるが，これは単なるゲームではなく，プレゼンテーションの質が
問われる。結果がはっきりすることで，児童の意欲はむしろ高まる。また，
対戦を複数回行うことで，次につなげていこうとする児童の学習改善も期待
できる（QR3：ゴール活動の流れ・ゴール活動写真）。

QR3

(2) 児童の学習経過や成果を確実に見取る評価計画・評価方法

　児童の成長には，言語活動の設定と併せて，児童の学習の進捗と，その成
果を把握することが大切である。見取りから指導の改善・学習改善へのプロ
セスが評価であり，それが指導と一体となって目標に向かうのである。

　適切なモニタリングを行うには，複数回見取る機会を作る必要がある。し
かし，1時間に全員を見取ることはむずかしい。そこで，2～3時間をひと
まとまりとして評価を行う。本単元は，導入段階（第1・2時），準備・練
習段階（第3～5時），ゴール活動段階（第6・7時），まとめ段階（第8時）
に分けられるが，準備・練習段階では主に知識・技能を，ゴール活動では主
に思考・判断・表現を評価する。一人1回というわけではなく，目標に照ら
し合わせて必要があれば何度でも見取っていく。

　評価方法は基本的には観察となるが，観察しやすい活動形態や場の設定，
活動ルールの工夫，指導体制も重要である。ゴール活動では，一つの教室で
二つの試合を行う。試合（発表活動）を時間制にすることで，全体のマネジ

メントを行いながら，指導者は両方を同時に観察する。試合（発表活動）は相手を変えて数回行うため，見取る機会も十分に確保できる。

4 本時（第6・7時間目）の授業について

⑴ 本時の目標
○友だちに共感してもらえるように，おすすめの国についてその国でできることなどを紹介する。

⑵ 本時の評価規準
○おすすめの国の魅力を紹介するために，簡単な語句や基本的な表現を用いて，その国でできることなどを話している。　　　　　　【思考・判断・表現】
○おすすめの国の魅力を紹介するために，簡単な語句や基本的な表現を用いて，その国でできることなどを発表しようとしている。

【主体的に学習に取り組む態度】

5 「話すこと［発表］」〈知識・技能〉の指導と評価

　知識・技能については，本時で行うゴール活動で発揮できているかで見るというよりは，本時に至るまでの過程のなかで知識・技能が活用できるほど十分に習熟できているかを見取っておく必要がある。第3～5時ではグループで準備・練習を行うが，そのなかで何度も各グループのプレゼンテーションを見る機会をもつことが大切である。本校では，担任と専科，NTの3人体制のため，見る教員を変えながら何度も評価場面を作ることができた。しかし，仮に担任一人だったとしても，3時間あれば各グループを複数回見取ることは可能である。使用する表現は，This is Italy. You can see ～ . You can eat ～ . You can enjoy ～ . などのできることを紹介する表現や，It's yummy. やIt's beautiful. などの形容の表現である。グループで制作するポスターには絵や写真があるので，内容を忘れる心配はない。児童からすれば，英語表現をしっかり言えるかどうかに集中することができる（QR4：ポスター例）。

QR4

　本時（第6・7時）については，指導計画上は評価観点としては知識・技能は入れていないが，もちろん評価してはいけないわけではない。プレゼンテーションのなかで十分に知識・技能が発揮されていれば，思考・判断・表

現とともに，記録に残さない評価として併せて行ってよい。

6 「話すこと［発表］」〈思考・判断・表現〉の指導と評価

本時では，思考・判断・表現をメインの評価観点とする。ゴールの言語活動そのものが思考力・判断力・表現力をいかに発揮するかが問われる活動となっているため，評価もしやすい。重ねて強調するが，言語活動をしっかりと設定できれば，評価はついてくると言っても過言ではない。

児童はお客さん役の友だちに対して，どうすれば自分たちのすすめる国を選んでくれるか考えてプレゼンテーションを行う。その目的のためにどのように工夫しているかがポイントである。ただし，プレゼンテーションに対するお客さん役の児童の反応や答えは，活動上は尊重するものの，評価材料として絶対視してはいけない。人間関係やその場の雰囲気が影響する可能性もあるからである。教師は，あくまでも児童のプレゼンテーションを客観的に見取り，その結果にかかわらず，学びとして正当に評価することが大切である。

児童のプレゼンテーションを以下の三つの視点で見取るとよい。

①学んだ表現を適切に使って，分かりやすく説明できているかどうか。
②相手に選んでもらうように話す内容や伝え方を工夫しているかどうか。
③相手に選んでもらいたい，伝えようという意欲が感じられるかどうか。

①は知識・技能に，③は主体的に学習に取り組む態度にもかかわる部分でもある。三つの資質・能力はそれぞれ別のものではなく，相互が絡み合っていると考えてよい。評価においても，この場面では，思考・判断・表現だけではなく，一体的に見取ることが現実的である。

思考・判断・表現は②の部分に該当する。具体的には以下のような児童の姿を見取っていきたい。

○相手の興味に合わせて，話す内容や順番，強調する部分を変える。
○理解しやすいように，ポスターの写真など視覚情報や身振り手振りを組み合わせながら伝える。
○スピードや声の大きさ，強弱，間の効果を考えて話す。

これらは当然ながら，練習段階で発表の工夫として気付かせたり，考えさせたりする指導が前提なのは言うまでもない。

7　「話すこと[発表]」〈主体的に学習に取り組む態度〉の指導と評価

　児童の成長を見取り，支援し，価値づけることは教師の責務であるが，一方で，児童自身が自分の学習を客観的に把握し（メタ認知），自己調整していくことも大切である。そのための指導や手立てが必要である。準備・練習段階でも，ゴール活動においても，中間評価を必ず行い，目標を意識させ，目標到達のために何が必要か，どうすればよいかを全体で話し合い，共有するとよい。6で示したような工夫を考えさせたり，友だちのなかから見つけたりして，そのアイデアを自分たちに生かすよう促すのである。児童がどのように前と比べて成長したかを児童自身が意識できることが大切である。自分の成長を意識できれば，それを言語化することも容易である。振り返りシートへの記述も意味のあるものになり，ポートフォリオとして機能していくはずである（QR5：振り返りシート）。

QR5

> ■**ここがポイント！**…加藤　拓由（岐阜聖徳大学准教授）■
>
> 　本事例では，指導者は担任，専科，NTの3人体制という恵まれた環境において，それぞれの強みを効果的に活用した，TT・少人数指導での「話すこと[発表]」の評価が紹介されている。注目すべきは，評価のあり方を考える前に，児童に育てたい力やめざすべき児童の姿を明確にして，そこからbackward的に言語活動や指導を設計している点である。また，「知識・技能」の評価については，指導過程のなかで知識・技能が十分に活用できているかを，3人の指導者が，時間や場面を変えて，複数回見取っている。このことにより，評価の信頼性や妥当性が向上するだけでなく，十分に満足できる水準に達していない児童に，適切な指導改善・学習改善を行うことが可能になる。さらに，「思考・判断・表現」の評価に関しては，児童のプレゼンテーションを客観的に見取るための「三つの観点」を設定し，三つの資質・能力が一体的に評価できるような基準を設けている。このような，客観性のある基準を「ルーブリック」などを用いて総括的に評価する事例については，130頁の事例を参照していただきたい。

先進校ではこうやっている──評価の実際

5 領域別の評価事例：「話すこと［発表］」の評価（外国語科）

《北海道教育大学附属函館小学校》

評価を軸とした
「話すこと［発表］」にかかわる指導の実践

北海道教育大学附属特別支援学校教諭／前函館小学校教諭　**伊藤　光**

1　適切な指導と評価のために

　北海道教育大学附属函館小学校（QR1）では，外国語科における主体的・対話的で深い学びの実現をめざし，平成30（2018）年度から令和元（2019）年度にかけて，移行期間用教材「We Can!」（以下，WC と表記）を使用しながら評価を軸とした指導，特に「話すこと［発表］」に関わる実践に取り組んできた。

　本稿では 6 年生で実施した単元 WC2 Unit 4「I like my town.」の場合を紹介したい。この実践で鍵となるのが，コミュニケーションの目的等の設定，子どもがよりよく目標を達成することをめざして整えた学習到達目標（以下，CAN-DO と表記），そして単元の学習を生かして行う発表の際に活用できるようにしたルーブリックである。

QR1

2　めざす子どもの姿の具体化

　QR2（本単元の目標等），QR3（単元の指導計画）参照。

QR2

QR3

⑴　コミュニケーションを図る目的等の設定

　本実践にかかわり，年度途中の秋に留学生との交流を設定したことに触れたい。6 年生は，留学生がやって来たときに，日本の文化，函館や周辺の町のこと，小学生の夏休みの過ごし方など，身近な事柄に関して簡単に紹介しながら交流することを目的として，各単元の学習を意識的に進めた。そうしたところ，単元の振り返りを行う度に，子どもは留学生との交流を意識した学習の成果や課題を見いだすことができた。たとえば WC2 Unit 2（Welcome to Japan.）の単元末には「今回は日本文化の紹介だったけど，食べ物や日本だけじゃなく，函館の夜景とか，カナダの文化も言ったり聞いたりしたい」といった振り返りが見られた。本実践もこの過程のなかで，指導計画を立て

る際の要点を踏まえ，単元の指導をとおして育成をめざす子どもの姿を，単元の目標およびそれを領域ごとに具体化したCAN-DO，さらにルーブリックの形で具体化して指導したものである。

(2) 単元の目標，評価規準，目標を領域ごとに具体化したCAN-DO

本実践では，WC2 Unit 4のゴールとして「自分たちの町や地域について発表する活動」を設定し，単元の目標を次のように設定した。

> 自分たちの町や地域にある施設や欲しい施設に関して，他者に配慮しながら聞いたり話したりすることを通して，地域のよさや課題について自分の考えや気持ちを伝え合う。

そして，単元のゴールに結び付く活動の指導は重点化を図ることとし，記録に残す評価の規準を次のとおり設定した。

		知識・技能	思考・判断・表現	主体的に学習に取り組む態度
話すこと［発表］		〈知識〉 施設等を表す語句やWe (don't) have 〜. / I want 〜.等の表現を理解している。〈技能〉 施設等を表す語句やWe (don't) have 〜. / I want 〜.等の表現を用いて，自分たちの町や地域にある施設やない施設，自分の考えなどを話す技能を身に付けている。	自分たちの町や地域について，自分が考える改善点，欲しい施設等を話している。	地域のよさなどについて，簡単な語句や基本的な表現を使って他者に分かりやすく話そうとしている。※ルーブリックに示す達成目標も参考にする。

この評価規準は，単元の目標および年度当初に年間指導計画とともに作成したCAN-DOとの関連が図られるよう設定している。CAN-DOの内容は，めざす子どもの具体的な姿ともいえる。子どもが「自分であれば，どのような内容を，既習のどのような語句，表現で表そうか」などと考え，学習の見通しを立てられるよう，WC2 Unit 4のCAN-DOを単元の導入で子どもと共有するとともに，本単元では，話す力2［発表］に関しては重点的に学習を行うことも確認した（QR4：WC2 Unit 4のCAN-DO）。

(3) 望ましい発表の姿を見える化するルーブリック

QR5（本実践で使用したルーブリック）参照。

QR4

QR5

子どもが発表をよりよく行うことができるよう，単元の導入では，望ましい発表の姿について話し合う場を設けた。具体的には，まず子どもは単元のゴールの様子をとらえるためにLet's Watch and Think 2（WT2）を視聴した。そのうえで，発表をよりよく行うことをめざすために，望ましくない発表の姿と望ましい発表の姿を教師が意図的に演じ分けるのを見て，再度WT2を視聴し，望ましい発表に見られる優れた点を見いだしていった。そして子どもが話し合って押さえた内容に，子どもに身に付けさせたい発表の力を補ったものをルーブリックの形で見える化し，教師と子どもとで共有した。

　このルーブリックは，望ましい発表の姿に見られる優れた点を，知識・技能，思考・判断・表現，他者への配慮の三つに（いわゆる資質・能力の柱に即して）整理して例示したもので，教師による評価にはもちろん，子どもも自己評価，相互評価の際に活用できるようにした。なお，主体的に学習に取り組む態度に関しては，ルーブリックに例示していない姿も，見取れた際には称賛等を行い，学習へのいっそうの動機付けを図った。

　こうすることで，発表において，どのようなことがどの程度できているかを，教師も子どもも客観的に評価できるようになった。

3　学習をとおした子どもの変容

　QR6（町・地域紹介ワークシート），QR7（振り返りカード）参照。

⑴　ルーブリックを活用した相互評価および自己評価

　単元の学習は，WC2誌面にある活動を中心に行いながら進めた。Let's ListenやLet's Playなどの活動を行うなかで，子どもは函館や周辺の町について留学生に紹介するために「自分であれば町にある施設，ない施設，欲しい施設として何を取り上げるか。どんな語句，表現で伝えるか」考えをもつことができた。これにより，発表に際しては改めてその内容を考え直す必要はほとんどなかった。子どもが伝えたいと思う細かい内容のうち，何を優先し，どのような既習の語句，表現を活用できそうかなどについて考えたり選んだりすることに力を注いだ。

　単元で学習した内容を生かして，函館や周辺の町について紹介する際は，

カードを見せながら話すようにした。カードの作成は，紹介したい内容を整理することにもつながった。

発表の様子は子ども同士でタブレット端末(動画)に記録し，子どもはそれを見返しながらルーブリックの項目に沿って相互評価および自己評価を行った。「aquariumの発音がむずかしいけどがんばってね」「そろそろ発表メモを頼るのをやめた方がいいよ」「話しながらもっといろいろな人を見るようにしないと」「何について話しているのかイラストを指さしなが

▼作成したカードの例

ら話そうかな」などと友だち同士で意見交換をしたり，教師の助言を聞いたりしながら，ルーブリックの項目ごとにもらった意見を加味した自己評価をABCで記載した。さらに1回の自己評価で満足せず，2回，3回と繰り返し，よりよい発表をめざしていた。

(2) 振り返りカードへの記述より

子どもの振り返りカードからも，単元の一連の学習をとおした成果を見いだしている記述を見ることができた。課題について触れた子どももお

▼作成したカードの例

り，「発表では，ジェスチャーなどは不十分だったが，話し方はよくできていた」といったように，分析的な自己評価を行っていた。

4 今後に向けて～成果と課題～

QR8（5年）・QR9（6年）（函館小で作成した移行期間中の単元ごとの学習到達目標）参照。

本実践では，明確なコミュニケーションの目的，場面，状況，単元の目標およびCAN-DO，ルーブリックについて，それらの内容を突き詰めて整えたうえで，単元の指導を行った。これにより，教師と子どもが目標や課題を共有し，子どもは見通しをもって単元の学習を進めることができた。しかし評価については，今後も信頼性や妥当性の検証を続ける必要がある。引き続き，指導と評価の一体化を図る実践を行いながらCAN-DOやルーブリックの内容を吟味し，これらを活用しやすいものにしていきたいと考える。

樋口忠彦・高橋一幸・加賀田哲也・泉惠美子（2017）．『Q&A 小学英語指導法事典――教師の質問112に答える』教育出版．

■**ここがポイント！**…萬谷　隆一（北海道教育大学教授）■

　本実践例の優れた点は，話す活動［発表］の目的，場面，状況を明示し，動機付けや目的感を高めていることである。自文化，地域を紹介するという目的や留学生という具体的な対象者を意識させて，コミュニケーションの課題に向かう気持ちを高めたうえで活動に入っている点が優れている。

　また自分の表現方法・内容について，振り返りながら自律的に改善する意識をもたせる評価方法の工夫にも注目したい。こうした取り組みは，主体的な学びの視点から，参考になる事例であると言えよう。このように評価が，指導と学習を支え，促すという好循環を生み出すことが，これからの新しい評価の取り組みを進めるうえできわめて重要である。

　なお，こうした評価の実践における留意すべき点としては，分析的なルーブリックの言語表記だけを読んでパフォーマンスの様子をイメージできる児童とそれがむずかしい児童がいるということである。そのため，本実践例の2の(3)にあるように，たとえばよいパフォーマンスとそうでないものを例示したり，優れた児童の事例を紹介したりするなど，どの児童も実感をもって目標を理解できるよう工夫をすることを勧めたい。

５領域別の評価事例：「話すこと［発表］」の評価（外国語活動）

《東京都大田区立洗足池小学校》

児童の学習改善につながる
「話すこと［発表］」の評価

同校教諭 黒木　愛

　児童数約300名の本校は，平成26・27年度大田区教育委員会教育研究推進校として研究を開始し，平成27年度には文部科学省・国立教育政策研究所実践協力校に指定され，外国語活動として，低学年は18時間，中学年は35時間，高学年は70時間の活動を先行実施してきた。平成30年度と令和元年度は研究主題を「外国語に親しみ，進んでコミュニケーションを図ろうとする児童の育成～主体的・対話的で深い学びの実現に向けて～」として，研究に取り組んだ。他教科と同じように学級担任主導で授業を行っている。

> 4年生 Let's try! 2 Unit 9「This is my day.」
> 単元目標：自分のことをよく分かってもらったり，相手のことをよく分かったりするために絵本などのまとまりのある話を聞いたり話したりすることに慣れ親しんだり，相手に伝わるように工夫しながら，絵本の好きな場面や自分の日課について考えや気持ちなどを話したりする。

1　本単元における「話すこと［発表］」の評価規準（QR1：指導と評価の計画）

知識・技能	思考・判断・表現	主体的に学習に 取り組む態度
・日本語と英語の音声やリズムなどの違いに気付いて話している。 ・日課を表す表現を用いて自分の考えや気持ちなどを話すことに慣れ親しんでいる。	・自分のことをよく分かってもらうために，相手に伝わるように工夫しながら絵本の好きな場面や自分の日課について考えや気持ちなどを話している。	・自分のことをよく分かってもらうために，相手に伝わるように工夫しながら絵本の好きな場面や自分の日課について考えや気持ちなどを話そうとしている。

2　本単元での「話すこと［発表］」の評価の流れ

> 評価は児童の"学びに向かう力"につながるものである

本校の外国語活動における「話すこと［発表］」の評価は，十分に聞いたり言ったりした活動を重ねたのち，身の回りのものや自分のことについて日常生活に関する身近で簡単な事柄について，自分の考えや気持ちなどを話すことに慣れ親しんでいる状況を評価する。評価は，誰かと比較したり，序列をつけたりするものではなく，児童の学習改善と教師の授業改善のために評価を行うものであるということを常に念頭において評価をしている。児童自身が前時よりも本時，本時よりも次時と少しずつ積みかさねていることを実感し，達成度を自己評価するなど，児童に見える形になるように評価すべきと考えている。

　本単元は，4年生の外国語活動における最終単元である。最終の活動では，短いまとまりのある話を聞いて，おおよその内容をつかむ。「何となくだけれども英語で話が分かるようになった」「3・4年生の外国語活動を通して英語が分かってきたから，教科になったらもっと英語が話せるようになりたい」という気持ちをもたせ1年間のまとめとする。

QR1

　単元計画および評価計画はQR1に示したとおりである。単元終末での「話すこと［発表］」の評価に際しては「自分のことをよく分かってもらったり，相手のことをよく分かったりするために，自分の絵本の好きな場面や自分の日課について考えや気持ちを聞いたり話したりする活動」を設定し，単元の最初に最終ゴールの活動を提示する。本校では，単元終末でその活動をするためにどのような活動をして自己調整していくか，児童と共にバックワードデザインをして学習の見通しを立てるようにしている。そして毎時間の授業の最初には活動のめあての確認をし，自分のめあてを設定し，活動に取り組んでいく。活動の終わりには毎時間振り返りの時間をもち，自分の活動を振り返り，次時はどのようにがんばりたいかを記述させている。評価は1度で決めてしまうのではなく段階的に見ていく。学級担任は児童の活動の様子を通して，できないところを評価するのではなく前時より積み重なったものを評価したり，さらによくなるためにフィードバックしたりして，児童の励みになるような，また学びに向かう力になるような評価をめざしている。

3　本時（4／5時間目）の授業について（QR2：本時指導案）

QR2

⑴　本時の目標

○自分のことをよく分かってもらったり，相手のことをよく分かったりする
　ために日課を表す表現を用いて自分の考えや気持ちなどを話すことに慣
　れ親しんだり，相手に伝わるように工夫しながら，絵本の好きな場面や自
　分の日課について考えや気持ちなどを話したりする。

⑵　本時の「話すこと［発表］」における評価規準

○日課を表す表現を用いて，自分の考えや気持ちなどを話すことに慣れ親し
　んでいる。【知識・技能】

○自分のことをよく分かってもらうために，相手に伝わるように工夫しなが
　ら絵本の好きな場面や自分の日課について，考えや気持ちなどを含めて話
　している。【思考・判断・表現】

4　「話すこと［発表］」における「知識・技能」の指導と評価

　「話すこと［発表］」における「知識・技能」の評価は，①日本語と英語の
音声やリズムなどの違いに気付いて話している姿および②日課を表す表現を
用いて話すことに慣れ親しんでいる姿を見取る。①に関しては，3時間目の
Activity 2において好きな場面を紹介している場面で評価をする。事前の手
立てとしては，紹介する際，望ましくない見本を見せ，よりよい紹介の仕方
に気付かせる。学習を進めていくなかで，英語らしいリズムに気付いて話し
ている状況や特徴的な様子に関して評価をする。なお，評価については記録
に残さない評価とする。

　②については，本時と次時で評価をする。日課を表す表現を用いて紹介し
ている様子を見取って記録に残す。第3時で表現の誤りや言いよどむ場面，
指導者に支援を求める場面が見られた場合は記録に残す評価をしたうえ，第
4時の Small Talk や Warm-up の活動のときに指導改善を行うようにする。
Activity 2で，児童が学習改善できるようにする。

5　「話すこと［発表］」における「思考・判断・表現」の指導と評価

　「話すこと［発表］」における「思考・判断・表現」の評価は，相手に伝わ

るように工夫しながら，友だちに絵本の好きな場面や自分の日課について話している姿を見取る。事前の手立てとしては，第3時に相手を替えながら何度か紹介する機会を設け，よりよい発表に向けて気付きを促す。第4時・第5時と好きな場面や自分の日課を紹介するなかで，前時よりさらに相手に伝わるようにするにはどのようにすべきか，相手に応じて思考・判断・表現できるように，工夫する時間を与えるようにする。相手の理解度を確かめながらゆっくり紹介したり，繰り返し紹介したり，動作を入れたり，相手に追加で質問をしたりして確認するなど，特徴的な姿が見られたら記録に残すようにする。これまでに慣れ親しんだ表現を使っている特徴的な様子も見取るようにしている。

6 「話すこと［発表］」における「主体的に学習に取り組む態度」の指導と評価

　「話すこと［発表］」における「主体的に学習に取り組む態度」の評価は，本単元では第5時の「思考・判断・表現」と同場面で見取るが，それに加えて，友だちのよいところを取り入れたり，工夫したりしている特徴的な様子も見取る。「粘り強く学習に取り組んでいる姿」と「自らの学習を調整している姿」を見取るには，授業の姿と振り返りカード（QR3）による記述点検および分析が効果的であると考える。本校での振り返りシートは1単元1枚裏表になるようにしている。活動のめあてと自分のめあて，達成度，活動の振り返り，次回がんばりたいことを記入するようにしている。自分のめあてを入れることによって，メタ認知を働かせ，与えられたものではなく自分から主体的に学習に取り組めると考えている。また，常にゴールを意識して，今までの状況と，スモールステップで次に，またその次の授業のときにどのような視点をもってがんばっていくべきかを児童自身が確認できる。指導者にとっても1単元1枚のカードにすることによって，1時間目の活動状況と，単元終末の活動状況を容易に比較することができ，単元を通して，評価の参考資料の一つとなっている。

7 評価簿の工夫（QR4：外国語活動評価簿）

　評価する際は，単元ごとに評価簿を作成している。毎回の授業のときは座席表にメモをし，その後，どの観点でどのような状況だったかを振り返りカードも確認しながら外国語活動評価簿に書き込んでいる。毎時間授業の最初に評価が低かったり，見取れていなかったりした児童を確認し，授業を行う。単元終末には全員の評価ができているようにしている。

　どの教科でも当てはまるが，学級担任がそれぞれ授業・評価をしていると学年間で見取り方に差が出ることがある。その解決のためには，定期的に評価簿を確認し合ったり，評価会議を開いたり，パフォーマンステストを複数で見取ったりするなど，検討すべき課題は多い。評価は，単に成績をつけるためのものではなく，児童が主体的に学習に取り組めるためのものである。児童が外国語を楽しみ，自信をもって活動に取り組めるような評価をめざすべきであると考える。

■**ここがポイント！**…**幡井　理恵**（昭和女子大学附属昭和小学校講師）■

　当該校は，教育研究推進校および文部科学省・国立教育政策研究所実践協力校として長年研究を行ってきており，低学年から担任主導の学習が積み重ねられている。教師は「表現に十分慣れ親しませることの大切さ」を意識して単元を組み立てており，本時の実践だけでなく，発表活動までの全体の流れもぜひ参考にしていただきたい。

　「話すこと［発表］」の評価にあたり，本実践で示された指導者として意識すべきポイントを二つ挙げる。一つ目は，単元の初期段階に教師と児童で最終活動を共有することである。単元の最終段階で行われることが多い発表活動では，活動の目的（「何のために」その活動を行うか）が共有されていないと，暗記した表現の表出に留まってしまう。単元の見通しを共有することで，途中で工夫すべき点に気付かせたり，児童に今の姿と望ましい姿を考えさせる場面を設けたりすることができる。二つ目は，振り返りシートで，毎時間の言語活動の取り組み結果を教師と児童で共有することである。振り返りシートは，児童の主体性を育てるうえで助けとなり，教師がていねいに目を通すことによって，児童支援の参考にもなる。

　上記２点を意識することで，児童は発表活動まで見通しをもって主体的に学習に取り組むことができ，高学年の外国語で活きるメタ認知力の向上にもつながるだろう。

---

2 ５領域別の評価事例：「書くこと」の評価（外国語科）

《広島大学附属小学校》

子どもが「書くこと」を通して
「深い学び」を達成するための学習評価

同校主幹教諭 西原　美幸

1　学校の概要，めざす子ども像と資質・能力の柱

QR1 を参照いただきたい。

QR1

2　本単元の概要

(1)　単元：We Can! 2 Unit 9「Junior High School Life」

(2)　実施学年：第６学年（筆者が担任をする学級）

(3)　準備物：ワークシート，視聴覚教材，振り返りワークシート

(4)　本単元の内容

　本単元は，小学校生活最後の単元である。そこで，単元終末の言語活動として，中学校生活への期待や将来の夢について原稿を書き，それを互いに読み合って，さらに応援メッセージを送り合うという活動を設定する。卒業を控えた第６学年児童にとって，中学校生活や自分の将来について考えることは，児童の発達段階にも合致しており，自分の考えや思いを表現するのに適している。児童が中学校で入りたい部活動やがんばりたい教科の勉強，学校行事について，I want to study ～ . I want to enjoy ～ . I want to join ～ . 等の言語材料を用いて表現する。さらにその理由を述べるために，I can ～ . I like ～ . I'm good at ～ . といった表現にも音声で十分に慣れ親しませたうえで，これらの言語材料を活用して原稿を書く。書き手の中学校生活への期待などについて考えや思いを読み合う活動を経て，再び応援メッセージを書くという言語活動を設定する。

(5)　関係する領域別目標

「読むこと」イ　音声で十分に慣れ親しんだ簡単な語句や基本的な表現の意
　　　　　　　　味が分かるようにする。

「書くこと」イ　自分のことや身近で簡単な事柄について，例文を参考に，

音声で十分に慣れ親しんだ簡単な語句や基本的な表現を用いて書くことができるようにする。

(6) 単元目標

中学校生活に対する期待や目標について，相手に伝わるように，伝えようとする内容を整理したうえで，自分の考えや気持ち等を発表したり書かれた例文を参考に音声で十分に慣れ親しんだ語句や表現を用いて書いたりすることができる。また，中学校生活についてよりよく理解するために，音声で十分に慣れ親しんだ語句や表現で書かれた友だちの考えや気持ち等を推測しながら読んで意味が分かる。さらに，友だちの原稿を読んで，その友だちへの応援メッセージを，書かれた例文を参考に音声で十分に慣れ親しんだ語句や表現を用いて書いたりすることができる。

(7) 単元計画（QR2）

QR2

3 本単元での「書くこと」の評価について

(1) 本単元における評価規準

	知識・技能	思考・判断・表現	主体的に学習に取り組む態度
書くこと	・部活動や学校行事を表す語句や I want to study ～. I want to enjoy ～. I want to join ～. の表現，終止符の基本的な符号について理解している。〈知識〉 ・中学校生活での期待や目標について，I want to study ～. I want to enjoy ～. I want to join ～. の表現を用いて，自分の考えや気持ち等を書く必要な技能を身に付けている。〈技能〉	・中学校生活での期待や目標について相手に伝わるように，自分の考えや気持ち等を書いている。	・中学校生活での期待や目標について友達によりよく理解してもらうために，自分の考えや気持ちを書こうとしている。

※本単元では「読むこと」「話すこと［発表］」の評価も行う。これらの評価規準は QR3 参照。

QR3

(2) 本単元での「書くこと」の評価の流れ

本単元は昨年末（令和元年末）に行った。本実践では3観点すべてを評価

する授業を実施したが，必ずしも1単位時間で3観点を見取る必要はない。3観点は分けて評価することがむずかしく，線引きがむずかしいため，指導者自身がどの言語活動でどの観点を見取るのか，しっかりと見通しをもって単元指導計画を立てることが大切となる。また，「指導と評価の一体化」をめざし，評価したことはすぐに指導に活かし，すべての児童がB基準以上の達成をめざして指導していく。

4 授業中の「書くこと」（「知識・技能」「思考・判断・表現」「主体的に学習に取り組む態度」）の指導と評価について

(1) 事前指導

○本時までのWe Can! 1・2 Let's Read and Writeの活動を通して，簡単な語句や表現を書き写すことの指導を行う。また，その学習過程において，本時で「努力を要する」状況 (c) になることが予想される児童がいた場合は，メモを残すようにし，継続的に適切な指導を行い，本時の活動につなげる。

○本時の活動の前には，書き写す際の留意点を全体で話し合ったり，指導者がモデルを示したりするなどして，目標を全体で共有できるようにする。

(2) ノートに毎時間書きためた英文を使ってポスター発表原稿を作成する活動（第2・3・4時）

毎時間，音声で慣れ親しんだ表現・英文を「入りたい部活動」（第2時），「楽しみにしている学校行事」（第3時），「がんばりたい教科」（第4時）について，書きためていく。音声で自分自身のことをしっかりと伝えられるように練習したり，友だちと伝え合ったりした内容について，記録に残すために，書く活動を行う。

(3) 友だちや教師とのやり取りをもとに自分が作成したポスター発表原稿を推敲し，リライトする活動（第7時）

本単元の肝となる指導である。自分が作成したポスター発表原稿について，友だちとやり取りしたり読み合ったりすることにより，どのようにしたら改善できるかについて気づかせる。指導者がこの視点をどれだけ意識しているかが重要である。「この文とこの文は順番を入れ替えた方がよい」「もう一文足してみよう」等，子どもに気づかせるための視点を教師がもち，意図的な

指導が必要である。

⑷　友だちに合った応援メッセージを書き写す活動（第8時に考えられる発展的活動）

　友だちが書いたポスターを読み合い，その友だちに対して応援メッセージを書いて送る。応援メッセージの例は以下のとおりである。

○Do your best.

○Good luck.

○Let's study ○○（教科名）！

○You are a good ○○（スポーツ名）player!

　語や語句，表現，そしてそれらを活用して文を書く力を評価するためには，活動時に例文と語群の用意が必須である。語群については多すぎれば児童が選択するのに非常に長い時間を要するうえに，適切な選択肢を教員が準備することもむずかしい。Picture Dictionary を辞書的に使用することも可能である。普段から絵とセットで単語や例文を示し，音声で十分な慣れ親しみがあれば，無理なく児童が取り組むことができる。

⑸　事後指導

○本時で「十分満足できる」状況 (a) と判断した児童の作品については，よい例として全体の前で示す等，学級全体で共有し，今後の学習につなげる。

○本時で上記評価項目に満たない「努力を要する」状況 (c) と判断した児童がいた場合には，次の単元以後も，継続した指導と支援を行い，改善状況を見取りつつ「おおむね満足できる」状況 (b) を達成できるようにする。たとえば，対象児童に伝えたい内容を尋ね，それに合った語句や表現を一緒に選んだり，書いたりする際には，参考とする例文を児童が書くワークシートのすぐ上に置かせ，語と語の間隔を意識させながら，児童が書けるようにするなどの方法が挙げられる。

5　ルーブリックを用いた「書くこと」の評価について

　パフォーマンス評価は，ある特定の状況のもとで，それまでに学んださまざまな知識や技能等を活用しながら行う行動や，作られた作品を直接的に評価する方法である。体育で25m泳ぐ，音楽でリコーダーを演奏するといっ

た行動を評価するのは，すべてパフォーマンス評価であり，英語の場合，それが「自分の好きな動物について発表する」「発表の内容について質問する／質問に答える」「例のなかから表現を選んで自分の好き嫌いについて書く」等になるだけである。ただし，その際に採点するために用いる基準（ルーブリック）を作成しておく必要がある（QR4）。評価にあたっては，しっかりとした評価の観点を定めることが不可欠であり，その観点別の基準をクリアできるように指導することが指導と評価の一体化をもたらすことになる。

6 考察と今後の課題──「書くこと」のテスト実施可能性について

QR5（考察）・QR6（今後の課題）を参照いただきたい。

> ■ここがポイント！…幡井　理恵（昭和女子大学附属昭和小学校講師）■
>
> 　「書くこと」では，「基本的な語句や表現を書き写すこと」と「基本的な語句や表現を用いて書くこと」を扱うが，どちらも音声で十分に慣れ親しんだものというのが前提となる。そのため，単元の終盤の授業や最終活動で「書くこと」を行う場合が多い。結果として，ワークシートなどに書けているかどうかを確認することに終始してしまいがちになる。しかし，本実践では単元全体を通して，「書くこと」が常に音声による言語産出（「話すこと」）と対になって行われている。口頭で慣れ親しんだ表現を使って，小さなステップで「書きたい」という思いを膨らませていることに注目したい。
>
> 　また，発表原稿を友だちや教師と共有しつつ，改善を加えながら進めていることも興味深い。何のために書くのか，書く目的がしっかりと共有されており，個々に「書きたい内容」が異なってくる。目的意識が共有されているからこそ，「自分の気持ちや考えをもっと伝えたい」「相手にもっとわかってほしい」という伝え手の想いが膨らみ，相手の伝えようとしている内容に対して，「応援メッセージを送りたい」という聞き手の想いも生まれる。ただ例文を書き写すのではなく，児童が思考しながら内容のまとまりを意識しつつ，主体的に改良を加えながら書くという活動を通じて，互いの想いを通じ合わせることができているという点がすばらしい。

5 領域別の評価事例：複数領域の評価（外国語科）

《岐阜県岐阜市立長良東小学校》

複数領域を関連させた指導と評価
—— 「話すこと［やり取り］」と「読むこと」

同校教諭 武部 八重子

1 学校の概要

QR1 を参照いただきたい。

QR1

2 本単元における評価規準（QR2：指導と評価の計画）

QR2

単元名：We Can! 2 Unit 8「What do you want to be?」

		知識・技能	思考・判断・表現	主体的に学習に取り組む態度
話すこと［やり取り］		〈知識〉 職業名を表す語句や I want to be ～. I want to ～. I like ～. I can ～.の表現について理解している。 〈技能〉 上記の表現などを用いて，将来の夢について，自分の考えや気持ちなどを話す技能を身に付けている。	自分のことをよく知ってもらったり相手のことをよく知ったりするために，就きたい職業とその理由，したいことなど，将来の夢について，互いの考えや気持ちなどを伝え合っている。	自分のことをよく知ってもらったり相手のことをよく知ったりするために，就きたい職業とその理由，したいことなど，将来の夢について，互いの考えや気持ちなどを伝え合おうとしている。
読むこと		〈知識〉 職業名を表す語句や I want to be ～. I want to ～. I like ～. I can ～.の表現，終止符の基本的な符号について理解している。 〈技能〉 将来の夢について，音声で十分に慣れ親しんだ語句や表現で書かれた友達の考えや気持ちなどを読んで意味が分かるために必要な技能を身に付けている。	将来の夢について，相手のことをよりよく理解するために，音声で十分に慣れ親しんだ語句や表現で書かれた友達の考えや気持ちなどを読んで意味が分かっている。 ※本稿で主に述べる領域についてのみ記載。	将来の夢について，相手のことをよりよく理解するために，音声で十分に慣れ親しんだ語句や表現で書かれた友達の考えや気持ちなどを読もうとしている。

QR3

3 「話すこと［やり取り］」の指導と評価（QR3：評価シートなど）

単元を通じて，授業の始めに 15 分程度の Small Talk を行う。本単元では，

就きたい職業を伝える表現 I want to be ～ . に加えて，I want to ～ . I like ～ . I can ～ . などを繰り返し用いながら，児童が飽きずに楽しく対話できるよう，「行ってみたい国とそこでしたいこと」「1万円持っていたらしたいこと」など，話題を変えて繰り返し対話を行う。また，機械的な練習をさせて誤りのない発話を求めたり，「I want to ～ . を使って言おう」と，使用する言語材料を明示したりするのではなく，以下のような学習過程のなかで，児童自身が「その場で考えながら話す」経験を多く積むことができるようにする。

---

① 教師と児童によるやり取りを推測しながら聞き，話す内容や用いる言語材料に気付く。
② ①で気付いたことを基に発話を試行し，児童同士が1対1で対話する。
③ 言いたくても言えなかったことを質問・交流し，既習の言語材料を想起したり，やさしい日本語に置き換えてから英語にしたりする（言い換える）。
④ 相手を替えて再び児童同士の対話をするなかで，用いる言語材料をより意識して使う。

また，それぞれの学習過程において，以下の点に留意する。

○Small Talk につなげる英語のやり取りにおいても，後に行う児童同士の対話で児童に使わせたい表現を意識的に使い，教師自身の本当のことについて話す。
○児童の答えが単語のみや，不完全な英文の場合，文で繰り返し，やり取りの自然な流れのなかで正しい表現を示す。また，つたない英語でも答えようとする態度を認め，誤りを受容し合える温かい学級経営を大切にする。
○児童が何を答えればよいか分からず沈黙した場合，具体を示したり，自分の例を挙げて答え方を示したりして，再び問いかける。
○「まず対話してみる」ことで，児童が「言いたくても言えない」「○○は何と言うのだろう」と，必要感をもって③の過程にむかえるようにする。
○質問に教師がすぐに答えるのではなく，学級全体に問いかける。そうすることで，他の児童も既習表現を想起したり，どう言い換えればよいかを考えたりできるようにする。
○言いたくても言えなかった表現について，学級全体でのやり取りを通して児童の考えを引き出しながら，言い方をまとめていく。その際，児童の発話を受け止めながら，既習を想起したり，単語の羅列でなく文で話すことを意識

　したりできるよう問いかける。

　授業中の Small Talk については，「主体的に学習に取り組む態度」を，「粘り強く取り組もうとしているか」という側面からの行動観察により評価する。「思考・判断・表現」については，主に単元の終末に行うパフォーマンステストにより評価する。評価の項目と観点は以下のとおりである。

評価の項目	評価項目の具体（概要）	評価の観点
コミュニケーションへの態度	相手に伝えようという意識のある様子で	主体的に学習に取り組む態度
内容	将来の夢について，就きたい職業とその理由，したいことなどを	思考・判断・表現
正確さ	学習した表現（文）を用いて	知識・技能
対話の継続	対話を続けるための英語表現を用いて，その場で考えながら	思考・判断・表現

　なお，児童が ALT と対話する様子をその場で評価する，児童同士の対話する様子を録画して後日評価するなど，児童の実態や学校事情に応じて方法を工夫することが考えられる。いずれの場合も，「テストを受ける」ということに対する児童の緊張をできるだけ和らげ，普段の力が出せるようにする必要がある。また，児童に評価票を返却し，児童自身が学習の到達度を自覚できるようにすることで，学習の自己調整力を育てるようにする。

4　「読むこと」の指導と評価（QR4：本時指導案，QR5：学習プリント）

QR4

QR5

　「読むこと」の指導と評価については，本単元第5時の実践に基づいて述べる。第5時では，冒頭に「将来就きたい職業としたいこと」などについてやり取りする（15分）。その後，担任や学年の教師の，小学校6年生の頃の夢が書かれた3文程度の短文を推測しながら読む言語活動に取り組む。児童と関わりの深い教師について取り上げることで，「○○先生は，どんな夢をもっていたのか知りたい」と，児童が「読む目的」をもち，意味内容に注目して読めるようにすることをねらった。以下はその例である。

| （例）
I want to be a pianist .
I like music.
I can play the piano. | |

下線部を推測して読み，それを手がかり
にピアニストのイラストを選ぶ（pianist
の部分は伏せておく）。

本実践は10月末に行ったものであるが，7月の「英語学習についてのア
ンケート」で，読むことをむずかしいと捉えている児童がややいたことから，
以下の点に留意して指導・援助を行った。

○ アンケートや前時までの学習活動の様子から，とくに支援を要する児童に
ついては，教師が指で示しながら一緒に読んだり，ローマ字の読み方を手
掛かりにするとよいと気付けるような声かけをしたりする。
○ 学習プリントの単語の近くに，補助となるイラストを小さく示し，音声を
想起できるようにする。
○ イラストを選ぶ際に，決め手となった語句に印を付けることとし，答え合
わせの際確認することで，「内容を推測して読む」ことに意識を向けられる
ようにする。
○ 「まず一人で短文を1題読み，活動の取り組み方や，読むときの手掛かり
を確認する」「その後班で教え合いながらいくつかの短文を読む時間を位置
付ける」など，スモールステップで取り組めるようにする。
○ 活動の途中で，児童が前時までに見付けた，「音と文字のひみつ」について，
掲示を用いて想起できるようにし，帰納法的に捉えようとする意識を育て
る（例 winter, computer, player, → runner,）。

なお，本時は「読むこと」の「思考・判断・表現」について学習プリント
への記述分析による評価を行った。「内容を推測して読むことができている
か」を見届けることを意図し，自分だけの力で読むChecking Timeを位置
付けた。ここで取り組む評価問題は「本時取り扱ったものと同様の短文を読
み，内容に合う絵を選ぶ」というものである。この問題では，「sports」「teach」

▼実際の学習プリント（部分）

「P.E.」などの単語を手掛かりに，「teacher」を選ぶことを想定している。実施後，児童が正しい答えを選び，かつ答えの根拠として適切な単語に印を付けているかどうかを確認した。出題の際留意したことは，児童とかかわりの深い人物について本当のことを取り上げ，テストであっても児童が読みたくなるような内容とすること，これまでに音声で十分に慣れ親しんだ語句や表現を用いること，「ローマ字の読み方や音と文字の関係を頼りにすれば読めそうだ」と，これまで学んできた見方・考え方を働かせて取り組めるものとすることである。

■ここがポイント！…加藤　拓由（岐阜聖徳大学准教授）■

　本事例では，Small Talk などの「話すこと［やり取り］」から「読むこと」への段階を踏んだ，ていねいで重厚な実践の姿から評価のポイントを学ぶことができる。Small Talk では，機械的な練習や，定型表現の暗記に頼るのではなく，児童が「その場で考えながら話す」という，学習経験を漆塗りのように何度も繰り返すことを大切にしている。単元末のパフォーマンステストにおいても，テストのストレスを低減させ，児童の自己効力感を高めるような配慮が行われている。さらに，「読むこと」の評価では「話すこと」で音声に十分に慣れ親しんだ表現に関して，イラストを手掛かりに推測して読んだり，友だちと一緒に協力して読んだりするなど，ていねいでゆるやかな「足場掛け（scaffoldings）」が行われている。Small Talk において児童がなりたい将来の夢をやり取りさせ，担任の先生の小さい頃の夢について読んでみるという，本当に伝えたい・知りたいと思える「相手意識」のある言語活動を計画し，「話すこと［やり取り］」と「読むこと」の評価が一連の指導の流れのなかで関連付けながら行われていることにも注目したい。

5 領域別の評価事例：複数領域の評価（外国語科）

《神奈川県海老名市立今泉小学校》

「話すこと［やり取り］」と繋がる 複数領域の評価

神奈川県海老名市立今泉小学校・有鹿小学校教諭 石川　雄一郎

1　学校の概要（QR1：研究概要）

QR1

　本校は，昭和56年4月1日に海老名市内としては12番目に開校した学校である。児童数は750人程度で，広い校庭を有し，多くの常緑樹を植えている。地理的には，海老名市の北部に位置し，西に丹沢大山山系を望み，少し歩くと一級河川「相模川」の雄大な流れを見ることができる。海老名駅に近いことから近年宅地化が進んでいるが，学区の中にはかつての国分尼寺遺跡が尼寺公園として残され，文化遺産に触れることができる地域でもある。

2　単元計画における「話すこと［やり取り］」

　複数領域の評価をしていくためには，年間指導計画に基づいた単元計画が重要である。平成30年度からの移行措置および先行実施期間の研究から，「話すこと［やり取り］」の指導を充実させていくことが適切な評価につながっていくことがわかった。本稿では，「話すこと［やり取り］」を核とした複数領域の評価計画について述べる。

　「話すこと［やり取り］」の指導は，他領域（「聞くこと」「読むこと」「書くこと」）と不可分の関係にある。なぜなら，児童に，実際のコミュニケーションのなかで聞いたり読んだり書いたりしていく必然性を実感させるためには，授業者や友だちとのやり取りが必要になるからだ。また，「話すこと［発表］」の指導場面でも，単に学習した英語を整理させたり暗記させたりするのではなく，授業者や友だちとのやり取りのなかで「何が必要な情報なのか」「どのような順番で伝えるべきなのか」などを考えさせていくことで，複数領域の評価を無理なく接続することが可能になる。

　表1は，We Can! 2のUnit 7，My Best Memoryの単元目標と記録に残す評価場面を記した表である。この表から，「聞くこと」と「話すこと［発表］」

の評価をしていくことがわかる。前述のとおり「話すこと［やり取り］」の指導を核としてその他の領域の指導を適宜配置していくのだが，たとえば，第4時の知識・技能に係る評価場面に向けて，いわゆるリスニング練習のような課題をたくさんさせるべきではない。めざすべきは，あくまで外国語によるコミュニケーションを図る際に活用される基礎的な知識・技能の習得だからである。言い換えるなら，実際のコミュニケーション場面である授業者や友だちとのやり取りと，文部科学省のいう Small Talk が必然的に重要になってくるということである。外国語での実際のコミュニケーションを通して新出語彙や表現に繰り返しふれ，使いながら覚え，覚えたものを使ってみるというサイクルを何度も回しながら授業を進めていくことが大切である。

なお，「話すこと［やり取り］」の記録に残す評価は，別単元で行った。

表1　「聞くこと」「話すこと［発表］」の記録に残す評価場面

単元目標　小学校生活の思い出に残る行事を発表することができる

時	目標	知技	思判表	態度
1	世界の学校行事にふれ，学習の流れを捉える			
2	好きな学校行事について言う			
3	好きな学校行事について話しあう			
4	世界の学校行事を知る	Let's Listen		
5	学校行事について書かれた文を読む		Let's Watch and Think	
6	スピーチ内容を決め，既習の語句や表現を書き写す			
7	スピーチ内容を整理する	Let's Talk		
8	思い出を発表する			発表会

3　「話すこと［やり取り］」の指導計画

表2は，「話すこと［やり取り］」の指導内容を記した指導計画である。児童同士のやり取りを毎時間計画していくことで，児童は既習事項や新出表現に繰り返しふれることができる。その結果として他の技能・領域の言語活動が必然的に活性化され，コミュニケーションを図る基礎となる資質・能力が育成されると考えた。

表2 「話すこと [やり取り]」の指導計画

時	目標	「話すこと [やり取り]」に係る指導内容
1	世界の学校行事にふれ，学習の流れを捉える	Small Talk：週末の出来事 ・過去のことを表す表現の想起 ・相手の言葉への反応表現（That's great, I see など）
2	好きな学校行事について言う	Small Talk：好きな学校行事 Let's Talk：よい思い出 ・相手への質問表現（Do ～ ?, What ～ ?, Why? など）
3	好きな学校行事について話しあう	Let's Talk：よい思い出 ・新出表現 Do you have any good memories? ・自分の話を円滑にする表現（so, and, but, with）
4	世界の学校行事を知る	Small Talk（ALT から児童へ）：学校行事の思い出 Let's Talk：学校行事の思い出 ・自分の話を詳しくする新出表現（When I was ～）
5	学校行事について書かれた文を読む	Let's Talk：学校行事の思い出 ・相手の言葉への反応表現（第1時と同じ）
6	スピーチ内容を決め，既習の語句や表現を書き写す	Small Talk：週末の思い出 Let's Talk：小学校生活の思い出（家庭生活含む） ・第4時までの指導で不十分な内容
7	スピーチ内容を整理する	Let's Talk：小学校生活の思い出（家庭生活含む） ・第4時までの指導で不十分な内容
8	思い出を発表する	

　第7時は，「話すこと [発表]」と「話すこと [やり取り]」の指導と評価が混在しているので，資料として別に記す（QR2：第7時の指導と評価の計画）。

QR2

4　複数領域の評価

　第4時に設定した Let's Listen では，We Can! 2 の紙面を基にしたワークシートを作り，これを「聞くこと」の評価資料として残した。市販のワークテストを活用することも考えられるが，児童に「テスト」という印象を過度に感じさせず，なおかつ10分程度の短時間でできるように留意する必要が

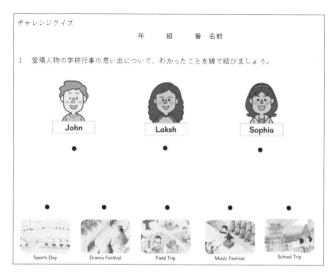

ある。また，第5時の Let's Watch and Think では，We Can! 2 を使った活
動の後に，具体的な場面・状況を設定した授業者と ALT による短い会話を
聞かせ，その概要を記述させることで，「思考・判断・表現」および「主体
的に学習に取り組む態度」の評価資料とした。

　「聞くこと」に関する記録に残す評価の実施時期については，言語の習得
過程から考えると，単元の途中に「聞くこと」の記録に残す評価をしつつ，
他の領域の指導の参考資料としても活用するほうが効果的であると考える。
たとえば，途中段階での「聞くこと」の各観点の評価が「努力を要する」だ
った児童がいた場合，それを授業者が把握しておき，その後の児童の変化の
様子を捉えるなどして指導に生かしていくことが重要である。逆に言えば，
このような児童を取りこぼさないためにも，複数領域の評価を計画的に配置
する必要があるということになる。

　第7時の Let's Talk ではペアを交代しながら児童同士の相互発表，第8時
の発表会では，テレビスタジオに模したセットの前で司会者に思い出を尋ね
られるという言語活動場面を設定した。これは，現実世界の課題と類似した，
本物らしさ（真正性）をもつ課題に取り組ませ，それを評価する「パフォー
マンス評価」となる（QR3：第8時の発表の様子）。

QR3

　パフォーマンス評価を計画する際に留意しなくてはいけないことは，「授

業者と児童，双方が無理なく取り組める」ということである。学級全員の児童の学習状況を記録に残すことを優先するあまり「教室とは別の部屋に一人ずつ入室させ，ALT 等との英語での会話を授業者が評価する」という形のパフォーマンス評価の形態を安易に選択すべきではない。大切なことは，授業者の設定した場面・状況でありながらも，児童が自然と「英語を使ってみたい」と思えるような提示の仕方や働きかけを心がけることである。そうでなければ，単に「やらされ感」だけが募るばかりで，英語を使う目的や活動の目的を自分事として捉えさせることができなくなってしまうだろう。

　小学生へ指導するにあたり，背景画一つ，マイク一つの工夫はきわめて効果的に作用する。「I enjoyed 〜 . It was 〜 . を使えるようにさせたい」というように，言語材料中心で指導と評価の計画を立て始めるのではなく，「テレビ番組という単元終末の魅力的な活動を充実させるために，どんな指導と評価が必要か」ということを基に指導と評価を計画することが大切である。それによって，必然的に複数領域の評価を可能にする授業計画になると考える。

■**ここがポイント！…成田　潤也**（神奈川県教育委員会指導主事）■

　石川先生は，複数領域の評価を「無理なく」接続することが可能と強調する。本稿の例で言えば，単元末の活動（「話すこと［発表］」）を見据え，豊かな「話すこと［やり取り］」の言語活動を核として設定していけば，必然的に他領域（「聞く」「読む」「書く」）を巻き込む展開になると考えているからである。また，第7時（QR2）は，「話すこと［発表］」の評価場面であるが，石川先生はあえて児童同士のやり取りを観察する形態をとっている。その理由も，単に機械的な発表場面を設定するだけでは，児童の豊かな表現を引き出せないと判断したことによる。いずれも，「評価ありき」の発想では出てこない工夫と言える。こうした授業づくりは，児童の生活感覚を重視し，包括的な指導を常とする小学校教員が得意とするところだろう。各領域をそれぞれ単独で評価しようとすれば，どうしても無味乾燥とした無理のある活動になる。しかし，豊かなコミュニケーション活動を行うという目的に沿った授業計画ならば，それは自ずと複数領域を無理なく横断・接続することになるのである。

QR2

先進校ではこうやっている──評価の実際

特色ある評価事例：CAN-DO を活用した評価

《北海道寿都町立寿都小学校》

付けたい力（CAN-DO）を明確にした 寿都町の外国語教育

北海道豊浦町立豊浦小学校外国語巡回指導教諭／前寿都小学校教諭　八木　啓太

1　学校の概要

QR1 を参照いただきたい。

QR1

2　小中高 10 年間を見通した CAN-DO リスト

⑴　CAN-DO リストの作成

　作成するに当たり，参考にしたのが「各中・高等学校の外国語教育における『CAN-DO リスト』の形での学習到達目標設定のための手引き」（平成 25 年，文部科学省，QR2）と「中学校外国語科『CAN-DO リスト』の形での学習到達目標作成ガイド」（平成 26 年，島根県教育委員会，QR3）である。町内の小中高の外国語教育に携わる教員が教科書を基に，どのような力を重点的に育てるかを精査し，一貫した指導ができるようまとめた。また，大学の有識者から助言を継続的に受け，児童・生徒に寄り添った CAN-DO リストを作成することができた。

QR2

QR3

⑵　CAN-DO リストの活用

　CAN-DO リストを作成するにあたって，3 点を指針として設定した。

1　発達段階を示すもの
2　自己成長感を味わわせるもの
3　授業改善につながるもの

---

　1 については，児童・生徒だけではなく教師にとってもどのような姿をめざしていくのかを明確にするものであることが重要である。

　2 については，児童・生徒が自己の成長をふりかえり，次の課題解決のため，新たな学びへの意欲へとつながるものであることが重要となる。

　3 については，教員が児童・生徒の到達度を見取り，つまずきがどこであ

115

ったか授業の改善につなげていく必要がある。

　この３点を基に「寿都町 CAN-DO リスト」と「児童用 CAN-DO リスト」「CAN-DO リストと関連付けた自己評価カード」を作成した。

(3)　発達段階を示すもの

　小学校３年生から高校３年生までの10年間で児童・生徒にどのような力を付けさせたいか，あるいは児童・生徒自身がどのような力を身に付けなければならないのかを一覧にしたものが「寿都町 CAN-DO リスト」(QR4)である。

QR4

(4)　自己成長感を味わわせるもの

　CAN-DO リストは作成して終わりではなく，児童・生徒自身が学習をふりかえることができ，自らの成長を実感したり学習の積み重ねが見えたりするものとしたいと考え，児童・生徒用 CAN-DO リスト（QR5）を作成した。学年の発達段階に応じて。達成度に合わせて○を付けさせたり，記述でできるようになったことをふりかえられるようにした。なかには，単元終了直後に「できた」とする児童もいれば，何度も学習を積み重ねたうえで「できた」とする児童もいる。到達したかどうかは，学年末に領域ごとの到達度目標を達成できていればよいと考えている。これにより児童が自分と向き合う機会が生まれ，学びに向かう力へと繋がっていくのではないだろうか。

QR5

(5)　授業改善につながるもの

　CAN-DO リストと関連付けた「自己評価カード」（QR6）を児童がその学年の到達度目標に向かっているかをチェックする授業改善の指標としている。児童は１時間ごとに目標（課題）に対して ABCD で自己評価を行う。また，自由記述欄には，児童・生徒の学習の足あとが記述される。たとえば，小学校４年生 Let's Try! 2 Unit 8「This is my favorite place.」では，「お気に入りを伝える言葉がむずかしかった」と記述した児童がいた。その原因は十分にインプットの時間を確保できていなかったことや授業のねらいの不明確さにあった。授業後に指導者間で改善点の共通理解を図り，次の授業プランや単元計画を再度調整し，到達度目標への軌道を修正している。

QR6

3　CAN-DO リストを活用した授業づくりの具体

(1)　バックワードデザインによる単元構成（QR7：単元計画）

QR7

　CAN-DOリストにある学年の到達度目標を見通したうえで関係する内容のまとまり（五つの領域）を整理し，身に付けさせたい力を重点化した単元計画を作成している。たとえば，小学校5年生We Can! 1 Unit 9「Who is your hero?」では，「話すこと［やり取り］」を重点とし，CAN-DOリストでは，次のように設定している。

> 5年生「話すこと［やり取り］」
> 自分や身近な人物の話題について尋ねたり答えたりすることができる。

　また，単元目標では，次のように記述されている。

> 【単元目標】自分があこがれたり尊敬したりする人について，まとまりのある話を聞いて具体的な情報を聞き取るとともに，その場で自分の意見を含めて質問したり紹介したりする。

　そして，この単元における到達度目標と，単元のゴールを明確にした。

> 【単元におけるCAN-DO（到達度目標）】自分があこがれたり尊敬したりする人について尋ねたり答えたりすることができる。⇒単元のゴール
> あこがれの人を紹介し合おう

　この目標を達成するために単元末から逆向きで授業を構成していくバックワードデザインの考えを基に，目的を明確にし，必要感や必然性のある授業を展開できるようにしている。そうすることで指導案作成の際には，どのような活動を配置すべきかを明確にすることができている。

(2)　単元の評価規準

　寿都小学校の評価規準は，学習指導要領の全面実施に向けて独自に設定し，指導と評価の一体化をめざしてきた。たとえば，We Can! 1では，資料（QR8：焦点化した評価規準）にあるように単元の評価規準を作成し共通理解を図って評価を行った。とりわけ思考力・判断力・表現力の観点については，五つの領域ごとに具現化し，実際のコミュニケーションの場面や状況のなかで指導・評価するように努めた。

QR8

(3) パフォーマンス評価

　児童・生徒のその単元におけるCAN-DO（到達度目標）の取り組み状況を評価するために評価場面を設定し，パフォーマンス評価を行っている。とくに「話すこと［やり取り］」「話すこと［発表］」の領域を重点として取り組んでいる。パフォーマンス評価は，知識・技能を活用し，自分の気持ちや意見について習得した言葉を用いて表現しようとする姿を評価することが可能である。主体的・対話的で深い学びの実現に不可欠と言える。評価基準はWe Can! 1 Unit 9「Who is your hero?」を例にすると以下のようになる。

A　十分満足できる状況

　あこがれの人のできることや得意なこと，またどんな人かも含めて伝えたり，また友達のあこがれの人の話を聞いたり，尋ねたりしながら，自分の考えを含めてやり取りすることができる。

B　おおむね満足できる状況

　あこがれの人のできることや得意なこと，またどんな人も含めて伝え合うことができる。

C　努力を要する状況

　友達や先生の補助を受けて，あこがれの人のできることや得意なこと，またどんな人かも含めて伝え合うことができる。

　また，評価方法については，次の手順で行っている。

1　担任，外国語担当（加配），英語指導職員が評価場面，評価項目などの共通理解を図ったうえで評価を行う。

2　それぞれグループに分け，担当するグループを見たり指導者とやり取りしたりすることをルールとして評価を行う。

3　評価や事後指導に活用するため，タブレット端末で動画に収める。

4　パフォーマンス評価後に児童の評価を指導者間でまとめ，評価する。

　このように，CAN-DOリストと関連付けた評価基準により児童・生徒の身に付けるべき能力が培われているかどうかを判断することができる。また，児童・生徒の工夫や優れている点や「できなかった」場合も適切なフィード

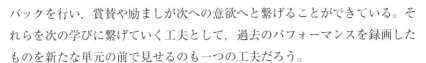

バックを行い，賞賛や励ましが次への意欲へと繋げることができている。それらを次の学びに繋げていく工夫として，過去のパフォーマンスを録画したものを新たな単元の前で見せるのも一つの工夫だろう。

　今後の課題は，どの学習でも付けたい力を明確にし，児童が目的意識や必要感を持って学習に臨めるようにすることである。そのうえで学級担任や専科，ALT など外国語の指導に携わる指導者が評価場面と評価規準を共有し，協力しながら評価することが求められる。とくに5・6年生は観点別評価となっているので適切な評価場面と評価規準による評価の積み重ねが必要となる。その際，国立教育政策研究所の『参考資料』や各教科書会社から出されているルーブリックを評価に取り入れるなど工夫が必要となるだろう。

　私たち教員には「子どもたちにどのように力が身に付いたか」が求められているがそれはまさしく「CAN-DO」であると捉える。これらを指導者同士で共有し，子どもたちと日々向き合い，指導に当たっていきたい。

■ここがポイント！…萬谷　隆一（北海道教育大学教授）■

　寿都小学校は，地域の拠点校として継続的に外国語活動の指導と評価に先導的に取り組んできた。同校で授業参観すると，常に子どもたちは英語への前向きな姿勢を見せ，学習のねらいに積極的に取り組むなかで，英語が使えるという「できる感」が育っている印象を受ける。八木先生の記述から推察されるように，細かく系統化された CAN-DO リストが，指導と評価のサイクルにおいて，教師にも，児童にも有効に機能している姿が見てとれる。

　同校が先駆的に CAN-DO リストを使った指導と評価に取り組むなかで感じられた課題は，3観点5領域で合計 15 となる評価規準を，全体のバランスを考えながら，いつどのように評価するかということであった。とりわけ「思考・判断・表現」の観点は，五つの領域ごとに現れ方が異なっており，いつどのような言語活動において見取ることができるのかを確認・共有しておくことが大切であると感じた。

　なお，上述のごとく寿都小学校はパフォーマンス評価にも取り組んできているが，その優れた点は，①児童がいつもの授業の延長，あるいは一部として取り組める，「緊張しない」課題場面を設定していること，②モデルとなる児童の動画を単元の初めに見せることで，めざすべき目標行動のイメージを具体的に印象づける工夫をしていること，が参考となる点である。

特色ある評価事例：自己評価表を活用した評価

《神奈川県横須賀市立田戸小学校》

単元のゴールを見据え「学びに向かう力」を育む振り返りシートの工夫

同校教諭　羽田　あずさ

1　学校の概要と小・中・高校 12 年間の学びをつなぐ CAN-DO リスト

QR1（学校の概要）および QR2（CAN-DO リスト）を参照いただきたい。

QR1

QR2

2　「学びに向かう力，人間性等」と「主体的に学習に取り組む態度」の関係

　外国語科における「学びに向かう力，人間性等」は，文化に対する理解や他者に対する配慮を伴って「主体的にコミュニケーションを図ろうとする態度」を身に付けることを目標としている。また，「知識及び技能」「思考力，判断力，表現力等」の資質・能力を一体的に育成する過程を通して育成する必要があるとされる。

　総論「1－3　学習評価の基本的な枠組み」に示されているように，「学びに向かう力，人間性等」には，「感性や思いやり」などの観点別学習状況の評価では示しきれない部分がある。ここでは，観点別学習状況の評価を通して見取ることができる部分「主体的に学習に取り組む態度」の評価について触れる。

QR3

　この観点の評価に求められることは，以下の二つである（QR3）。

(1)　知識及び技能を習得したり，思考力，判断力，表現力等を身に付けたりすることに向けた<u>粘り強い取組</u>を行おうとしている側面。

(2)　(1)の粘り強い取り組みを行う中で，<u>自らの学習を調整</u>しようとする側面。

　「主体的に学習に取り組む態度」の具体的な評価の方法として，授業中の発言，教師による行動観察や児童による自己評価や相互評価などがある。

3　振り返りシートの役割

　「学びに向かう力」を育成するために求められる「粘り強い取り組み」や「自己調整力」を評価するうえで振り返りシートを活用する。振り返りシートは児童による自己評価として用い，児童にとって次のような役割を持つと考える。

○自己の本単元での到達目標の設定と単元のゴールへの意識化

　「〜ができるようになりたい」「〜ができると，目標を達成できそう」

○自己の学習状況を把握

　「〜はできた／できなかった」「〜はよくわかった／わからなかった」

○学習意欲の向上を図る

　「次は〜したい」「〜をもっと知りたい」「Aさんの〜がよかった。自分もやってみたい」

　1時間ごとのめあてに対する自己評価をすることは，自らの学びを言語化することである。児童は「何を学んだか」を意識することができ，自分の学びを客観視することにつながる。教師にとっては，学習過程における児童の学習状況の把握ができ，「形成的評価」として指導改善に生かすことができる。

4　授業の単元構成と振り返りシートの活用

　基本的に，1単元を五つのステップで構成している（QR4）。ステップごとに振り返りシート（QR5）の活用を見ていく。

> 学年：第5学年
> 単元名：夢の時間割を伝え合おう〜 I have Japanese with Miyazawa Kenji.
> （We Can! 1　Unit 3「What do you have on Monday?」）

⑴　ステップ1：**目的理解と学習の見通し**

　単元のゴールとなる言語活動のデモンストレーションで，児童に目的・状況・場面を知らせ，目的達成のための見通しを立てさせ「学習することリスト」を作成する（QR6）。最終的な言語活動で到達したい目標を児童自身に選択させ，単元のゴールを設定させる（「目標」欄に○印）。

★目指すレベル・到達したレベル〇印を書こう。		目標	到達
レベル1	教科名の英語を聞いてどの教科かわかる。		
レベル2	仲間のサポートで、どの教科をだれと勉強するか言うことができる。		
レベル3	どの教科をだれと勉強するか言うことができる。	〇	
レベル4	どの教科をだれと勉強するか、その理由を簡単な英語や学習した英語を用いたり、ジェスチャーを用いたりして、ゆっくりはっきりと、伝えることができる。		〇

QR2

　この四つのレベルを示すには，まずQR2で示したCAN-DOリスト：高学年「話すこと・発表」を単元の言語材料や言語活動にあてはめ，「単元の目標」を設定する。

話すこと［発表］
どの教科を誰と勉強したいかについて，聞き手にわかりやすいようにゆっくりはっきり話したり，その理由を簡単な英語や学習した英語，ジェスチャーなどを用いたりして伝えることができる。

　そして，この「単元の目標」を基に達成しやすいであろう目標を段階的に設定する。その際，「レベル1」は言語材料を発信語彙ではなく受容語彙としての目標にしている。これは全員達成可能な目標にするためである。

⑵　ステップ2～4：「聞く・話す・読む・書く」

QR7

　毎時間，授業終了前の約5分間を「振り返りタイム」としている。児童は，相手意識やコミュニケーションへの態度についての振り返り（QR7）と毎時間のめあてに対する自己評価を行う。

　教師は，本時のめあてや単元のゴールを確認し，めあてに対して自分ができたこと・できなかったこと，自分の成長について書くように声掛けをする。その際，児童のよかった点を具体的に褒めるとよい。児童は自分だけでなく友だちのよかった点についても回想し，他者のよさを認めると同時に，そのよさを自分に取り入れようとする。振り返りの時間は，児童が自らの学びを客観的にとらえ，次の目標に向かう自己の学びを調整するための大切な時間である。

　また，児童の振り返りの内容を次の授業の初めに指導者が紹介すると，前時に学んだことを確認したり，本時の目標につなげたりすることができる。

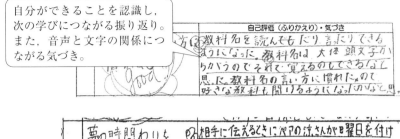

自分ができることを認識し，次の学びにつながる振り返り。また，音声と文字の関係につながる気づき。

他者のよさに気付き，自分の学びの調整につながる振り返り。

(3)　ステップ５：コミュニケーション活動

　単元のゴールとなる言語活動（「話すこと［発表］」）後，ステップ１で設定しためざすレベルについて，どのレベルに達したと思うか自己評価させる（「到達」の欄に○印）。

★目指すレベル・到達したレベル○印を書こう。		目標	到達
レベル1	教科名の英語を聞いてどの教科かわかる。		
レベル2	仲間のサポートで，どの教科をだれと勉強するか言うことができる。		
レベル3	どの教科をだれと勉強するか言うことができる。	○	
レベル4	どの教科をだれと勉強するか，その理由を簡単な英語や学習した英語を用いたり，ジェスチャーを用いたりして，ゆっくりはっきりと，伝えることができる。		○

　そして，単元全体を通して学んだことを以下二つの視点で行わせる。

① 英語面（聞く・話す・読む・書く）

　単元の初めと比べて

★この学習で学んだこと★　英語面・・・話す・聞く・書く・読む
話すことと読むことはよくできたと思う。次は書くことをしたい。

身についたことできるようなったことを意識させる。第１時で作った「学習することリスト」と照らし合わせながら，英語面について自己評価させる。

② コミュニケーション面（相手意識）

　相手とのコミュニケーションを行ううえで，話し手として，また聞き手として心がけたことについての自己評価をさせる。ここでも，自己の成長を自覚させ，さらなる成長につながる自己目標設定にもつなげる。

この単元全体の振り返りの内容は，次の単元での自己目標の設定に生かすように促す。教師は児

★相手意識について★　コミュニケーション面

友達のスマイル、アイコンタクトのし方を少しまねさせてもらって「ハウアバウトユー？」も言えるようになって紹介が前よりじゅう実したような気がしました。ジェスチャーも前よりできるようになってよかったです。次は一人でも考えて発表してみたいです。

童の学習状況を把握し，次の単元の目標の設定を行う。

*

　総論「1－6　学習指導要領・指導要録における『評価』の考え方」に述べられているように，「自己評価」は教師が点数化して評価に用いることは不適切であるとされる。

　しかし，教師が評価を行う際の参考資料として用いることができる。「知識及び技能」を活用し，目的・場面・状況に応じた「思考力，判断力，表現力等」を発揮し，他者を意識したコミュニケーション活動を児童が行っているかについて，「形成的評価」として自らの指導改善に生かしたい。

　また，児童が見通しを立てたり振り返ったりして自らの学習を自覚的にとらえ，粘り強く，自己調整しながら取り組む状況についても，特定の領域・単元だけでなく，年間を通して評価したい。このような評価を繰り返していくことで，単に知識・技能の伝授に終始することなく，言語や文化に対する気づきなどの多様な学びを保障することができると考える。

■ここがポイント！…成田　潤也（神奈川県教育委員会指導主事）■

　緻密に組み上げられた指導・評価デザインに，まずは圧倒されてしまうかもしれない。しかしこのデザインは，小学校段階に留まらない長期的な展望を持ち，めざすべき「主体的に学ぼうとする学習者」の姿を具体的にイメージすることによって，必然的に定まっていった形だと推察する。

　外国語の授業というと，とかく知識・技能の指導やその評価に終始してしまいがちになるが，羽田先生は，毎時間，振り返りカードを効果的に活用しながら，児童らに自らの成長を自覚させ，その次の学びに向かう力を育成しようとしている。その場限りの「点」ではない，継続的で連続する「線」の指導を通して，児童の変容・成長をつぶさに見取りながら，自己肯定感や学習への意欲を高めることに心を砕いているのである。そのような目的意識がないままに知識・技能のみを指導することは，学習指導要領が意図するところではないだろう。流暢な外国語話者を育てることをめざすより，外国語の学びを通して豊かな人間性をもった学習者を育てることをめざしたい。

特色ある評価事例：ポートフォリオ評価

《琉球大学教育学部附属小学校》

外国語活動・外国語科における ポートフォリオ評価

同校教諭 山中　隆行

1　ポートフォリオ評価について

(1)　基本的な考え方

　昨今，子どもを多面的・多角的に捉えるためにさまざまな評価方法が検討されている。そのなかの一つとして，「ポートフォリオ評価」があげられる。ポートフォリオ評価とは，子どもの作品，自己評価の記録，教師の指導と評価の記録などを，系統的に蓄積していくものである。その過程で，子どもが自分の学習を自己評価したり，教師も子どもの学習活動と自らの教育活動を評価したりするアプローチである。これは，学習評価のあり方として打ち出されている「児童・生徒の学習改善」や「教師の指導改善」と重なるところである。西岡（2003）は，ポートフォリオは単なる学習ファイルではないとし，①教師が作品を評価するなかで，子どもの学習実態を具体的に把握すること，②作品を整理する活動などを通して，子どもにも自分の学習の実態について考えさせること，③作品について話し合い（検討会）をすることで，子どもの自己評価力を育成することが重要であると述べている。

(2)　外国語活動・外国語科におけるポートフォリオ評価

　上述した①〜③の視点を考えると，意外にこれまで小学校では全国的に行われてきたことだと考える。振り返りカード上で，子どもに◎・○・△などで自己評価をさせる（自己評価）。感想などの記述の場合は，そこから教師が子どものできるようになった点やつまずいている点を点検・分析し，直接励ましたりコメントなどのフィードバックを与えたりしている（実態把握）。子どもの意欲が低い場合は，1対1で話をし，原因を探ることもする（検討会に近い）。実際，子どもの作品（ワークシート等）を学習ファイルに保管もしている（資料1）。では，何が違うのだろうか。それは，このような活動が子どもの育ちのために，子どもと教師が計画的に行っているかどうかで

あると考える。そこで，本稿ではポートフォリオ評価を年度初めから計画的に行った実践を紹介する。また，実践を行うなかで，このポートフォリオ評価が子どもの一人ひとりのよい点や可能性，進歩の状況について評価する「個人内評価」としての側面があることも分かってきた。

QR1

資料1 「英語ポートフォリオ例」(QR1)

2 ポートフォリオ評価の実際

(1) 振り返りカードを介した実態把握と自己評価

本校では，資料2のような振り返りカードを活用している。A4判1枚で，4時間分を記入できるようになっている。表裏を印刷すれば全部で1単元8時間分の振り返りができる。よって，子どもにとっても自分の成長が把握しやすい。振り返りカードの項目

QR2

資料2 「本校の振り返りカード」(QR2)

1は意欲面，項目2は4技能5領域の学習到達目標達成状況である。この二つの項目は子どもが自己評価することになっている。項目3は感想である。**資料3**は，実際の子どもの自己評価である。第1時から第4時にかけて，項目2「聞くこと」の自己評価が上がってきていることがわかる。この自己評価をさせる際の大切なポイントは「具体的な自己評価場面」を子どもに伝えることである。Let's Listen であれば，振り返りの際に「今日の Let's Listen の場面を思い出して自己評価してみてください」などと伝える。これにより，子どもは「あの場面か」と想起することができ，自己評価がしやすくなる。

資料３　「自己評価の変容（聞くこと）」

2　英語で何が・どのぐらいできるようになったか確かめてみよう。	第1時	第2時	第3時	第4時
聞く				
⑤ウ　絵などを見ながら，内容的にまとまりのある話を繰り返し聞いて，ある程度理解することができた。	○	◎	○	☀

　また，子どもの自己評価力は一朝一夕ではつかないことにも留意する必要がある。最初のころは，甘くつけたり厳しくつけすぎたりと信頼性が低いが，継続的に行うことで，自己評価にも慣れ，しっかりと自分を見つめるようになる。しかし，子どもの評価が継続的に低かったりする場合は，教師は自身の指導を振り返り改善していかなくてはならない。子どもの自己評価を教師の指導改善にもつなげるのである。

(2)　検討会のあり方

　西岡（2003）は，ポートフォリオ評価では，教師と子どもが一緒に学習に関する進捗状況や作品について対話する「検討会」が重要であると述べている。その持ち方にはさまざまな形態が考えられる。個人や一斉などが考えられるが，筆者は学期末などに後者の方法で行う。また，気になる子どもとは１対１で検討会を開くこともある。昨年度，筆者はある子どもがいつも参加意欲が低く気になっていた。そこで１対１で話を聞いてみた。すると予想外の返答がきた。「一生懸命話しているときに，みんながなかなか聞いてくれてないから嫌だ」「あと，英語で言えないから，何とかジェスチャーするけど，それでも伝わらないときがあってあきらめる」。筆者は，授業の活動内容などがおもしろくないから参加意欲が低いと考えていた。しかし，この子どもが抱える悩みが筆者の考える原因と全く異なっていたことに反省すると同時に，検討会の重要性を実感した。この実態から指導改善として，①英語の授業でも，「聴き合う」ことが重要であること，②言語活動などの後には，必ず中間指導を行い，言えなかった表現などを全員で紡ぎだすことを確認した。すぐその子どもに変容は見られなかったが，３学期の後半には，**資料４**のように相手の発話にしっかりと耳を傾けたり，そこから自分の考えや思いを持ったりしていることがうかがえる振り返りが増え，授業で主体的に学んでいる姿が見られるようになった。検討会が，教師の指導改善や子どもの学習改

善につながることを実感した。

資料４　「振り返りの内容が変化」

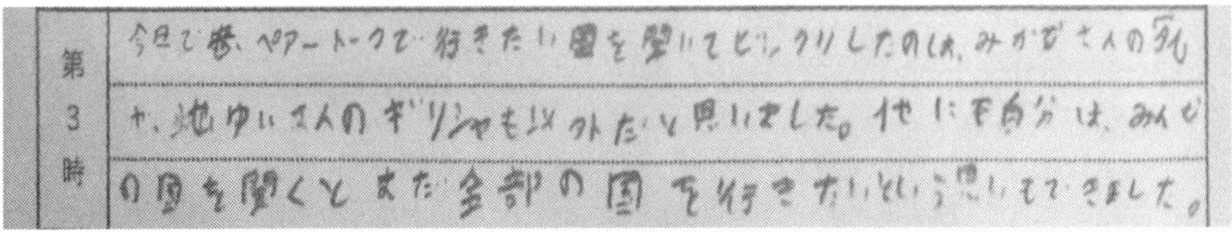

⑶　作品の評価

子どもの考えや気持ちがこもっている作品を評価することはむずかしい。よって，子どもにも自己評価をさせ，教師の評価をすり合わせて最終的な評価にすることも考えられる。資料５は，実際に評価をした作品である。この単元は，「語順」が指導事項であった。単元の終盤で，「あこがれる人になりきって紹介しよう」の発表原稿を，何もない４線上に書かせた。少し修正の必要がある表現があるが，「語順」は正しいので知識・技能の観点は「◎」，「内容」も整理されているので思考・判断・表現の観点も「◎」とした。実際，子どもの自己評価も「◎」であった。

資料５　「2018年度６年生の作品」（QR3）

QR3

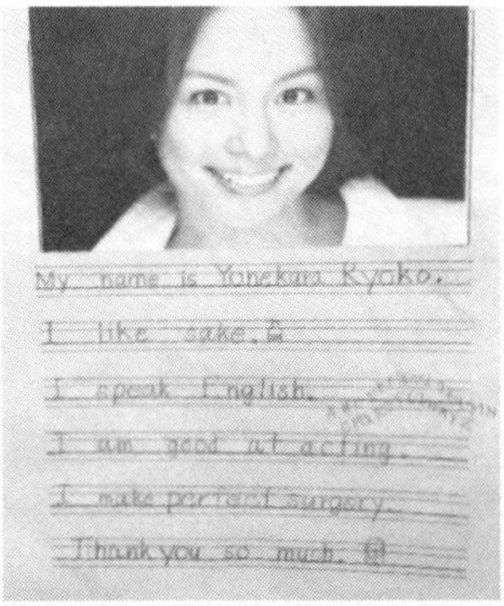

⑷　ポートフォリオ評価における個人内評価

「Who is your hero?」の単元である。本単元は，５年生のまとめとして位置づけられている。単元最後のマイヒーローを伝え合うギャラリートーク（言語活動）で，ある子どもが一生懸命ヒーローを紹介している（資料６）。説明自体は短いが，一つひとつの言葉に彼の「メッセージ」がにじみ出ていた。そしてその子どもは以下の感想を書いていた。

資料６　「ギャラリートーク」

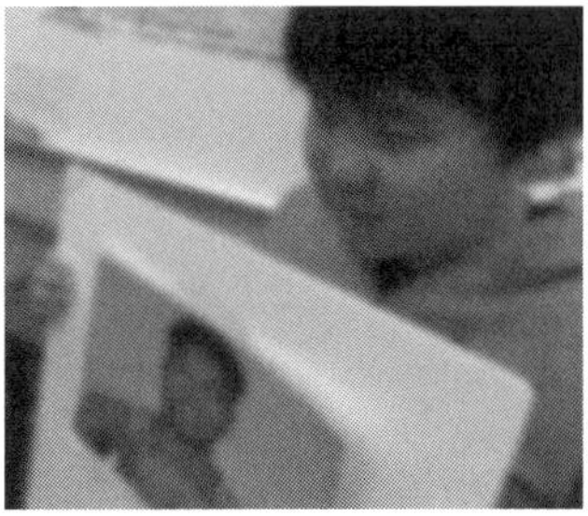

「今日，ギャラリートークで八村塁の紹介をしました（子どものヒーロー）。何回も紹介しないといけなかったから大変だったけど，バスケが上手だとみ

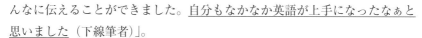

んなに伝えることができました。<u>自分もなかなか英語が上手になったなぁと思いました</u>（下線筆者）」。

　この振り返りから，子どもが自分の成長を実感している姿が読み取れる。1年間を通して計画的に取り組み，この評価が学習改善や指導改善にとどまらず，「個人内評価」としての側面を有していることもわかった。

3　ポートフォリオ評価とこれから

　本実践を通して，ポートフォリオ評価が子どもの学習改善や教師の指導改善，個人内評価を促すことが見えてきた。多面的・多角的に子どもを見取ることが子どもの学びや育ちを保証することにつながることを考えると，他の評価方法と補完的に活用されることも期待できる。

《参考文献》
　西岡加名恵（2003）.『教科と総合に活かすポートフォリオ評価法』図書文化社.

> ### ■ここがポイント！…大城　賢（琉球大学名誉教授）■
>
> 　学習評価の改善の基本的な方向性は，①児童・生徒の学習改善につながるものにしていくこと，②教師の指導改善につながるものにしていくこと，③必要性・妥当性が認められないものは見直していくことである（「児童生徒の学習評価の在り方について（報告）」平成31年）。
>
> 　本実践においては「ふり返りカード」を中心にしながら，授業で使用したワークシートを収集・整理し，授業とも関連付けながら，児童個人の学習状況をていねいに見取っている。さらに，それらの資料を基にしながら，「検討会」を持ち，児童の学習改善を促しながら，教師の指導改善にもつなげている。「必要性・妥当性」も十分に認められる。
>
> 　今回の「主体的に学習に取り組む態度」の評価では，「意欲」に加えて「自ら学習を調整しようとする態度」も求められている。本実践を読むと「ふり返りカード」や「検討会」を通して，児童の「自己調整」の能力を育成することができると同時に，それらを評価の資料として活用することも十分に可能であることが伝わってくる。

先進校ではこうやっている——評価の実際

② 特色ある評価事例：パフォーマンス評価

《大阪府高槻市立土室小学校》

ルーブリックを活用したパフォーマンス評価

同校教諭 髙橋　洋平

1　学校の概要

QR1 を参照いただきたい。

QR1

2　パフォーマンス評価のためのルーブリック

QR2 を参照いただきたい。

QR2

3　「話すこと［発表］」の評価　6年生　We Can! 2 Unit 8 「What do you want to be?」

　本単元は将来就きたい職業についてスピーチをすることが最終目標である。すなわち「話すこと［発表］」のパフォーマンス評価を行う。それに向けて子どもたちには単元の最初から What do you want to be?/ I want to be a ○○./ I like ○○./ I'm good at ○○ ing. などの表現を使ってペアトークをしたり，それらが含まれる話を聞かせたり，1回に1文のペースで書かせたりというような活動をさせている。

Unit8　What do you want to be? のルーブリック

	A	B	C
英語らしい音とリズム	英語らしい音とリズムで始めから終わりまでスラスラ話すことができている。	少しつまることもあるが，最後まで話すことができている。	原稿をずっと見ている。
話し方の工夫①	間の取り方や声の強弱も工夫できている。	間の取り方と声の強弱のどちらかは工夫できている。	棒読みになっている。
話し方の工夫②	顔を上げる以外にも相手に伝わりやすい工夫ができている。	顔を上げて，聞いている人を意識して話している。	ずっと下を見ている。

　単元全8時間のうちの5時間目の授業で子どもたちにルーブリックを配

り，評価について説明した。「スラスラ話すためにはどうすればいい？」「どこで声の強弱をつける？」「どこで間を取る？」などと子どもたちに問いかけると，原稿をしっかり頭に入れておくことが大切と気づいたり，強く読むべきところとその理由を言ったりしていた。子どもたちはルーブリックを意識して，すべての項目でAを取ることを目標に熱心に練習に取り組んだ。そして，実際にクラスの全員がすべての項目でB以上を取ることができ，3項目すべてがAの子も多くいた。子どもたちはUnit 1からどの単元でもルーブリックを使ったパフォーマンス評価を経験しているので，Unit 8では，このようにスムーズに進めることができたと思われる。子どもたちからは「めあてがはっきりしていてわかりやすい」「Aを取りたいからやる気になる」などの感想や，「これくらいの間の取り方で大丈夫ですか」「英語らしい発音ができていますか」などの質問をする子もいた。

4 「書くこと」の評価　6年生　Unit 5「My Summer Vacation.」

本単元ではI went to ○○./ I ate ○○./ It was ○○.などの表現を学習していて，他の単元と同じようにそれらを使ってペアトークをしたり，それらが含まれる話を聞かせたり，1回に1文のペースで書かせたりというような活動をさせている。この単元の最終目標は夏休みにしたことを一人1枚の4線シートに書いて，それをクラス全員分集めて思い出アルバムを作ることである。

子どもたちはパフォーマンステストとして，本単元の第1時から第7時までに1文ずつワークシートに書いた英文のなかから自分で必要なものを取捨選択して，行ったところ，食べたもの，感想の3文をメインにパフォーマンステストのワークシートに書き写すという活動を行った。

子どもたちには英語を何も見ずに書くことはむずかしいが，今までに1文ずつ書いてファイルに綴じてあるものを書き写すことは，比較的簡単にできていた。子どもたちからは，「これだけでいいの？」「写せばいいから簡単にできる」などの声があった。英語でテストと言えばみんなの前でスピーチをすることのイメージだったのが，この活動で変わったと考えられる。また，自分たちが書いたものがアルバムとして残されるという達成感もあったと思われる。

Unit5　My Summer Vacation のルーブリック

	A	B	C
言葉・表現	Unit5で学習した表現をすべて使うことができている。また意味を間違えずに使うことができている。	Unit5で学習した表現をいくつか使うことができている。時々，意味が間違っている部分がある。	Unit5で学習した表現で，意味を間違えて使っている部分が多い。
工夫	例文に1文以上文を付け加えて内容を工夫している。また語順が正しく，単語と単語の間に適切なスペースを入れて文を書くことができている。	例文と同じくらいの文を書くことができている。語順は正しいが，単語と単語の間に適切なスペースを入れることができていないところがある。	例文と同じくらいの文を書くことができていない。
ていねいさ	すべてていねいな文字で書かれていて，読みやすい。また絵などを入れてアルバムとして工夫を加えている。	時々読みにくい部分はあるが，だいたいていねいな文字で書かれている。	読みにくい文字がたくさんある。

5　「話すこと[やり取り]」の評価　6年生　Unit 7「My Best Memory.」

本単元では My best memory is ○○./ I enjoyed ○○ ing./ It was ○○. などの表現を学習している。ペアで小学校生活の思い出を伝え合うことがメインの活動だったので，パフォーマンス評価は，「話すこと［やり取り］」で行った。「話すこと［発表］」は一人ずつ前に出てスピーチするので評価しやすい。しかし，「話すこと［やり取り］」なので実際に話しているところを少しずつ巡回して評価した。子どもたちには話す方だけではなくて聞く方も

評価されるため，普段のペアトークのときからしっかり相手の顔を見てうなずくことを意識していた。そして，相手の言ったことをリピートする等，会話の内容を確かめ合っていた。

やり取りは1分で終わる内容なのでペアを変えて何度も（10回程度）繰り返して話をさせて評価をした。すると，ペアが変わっても同じことを話すので，回数を重ねるごとに上手に話せていることがよく分かり，三つの項目すべてでAを取る子が増えた。繰り返し何度も話すことで，英語が苦手な子も話すことにだんだん自信をもち，クラス全体が友だちと英語でやり取りをすることを楽しんでいることが本当によく伝わってきた。クラスの人数は33名であるが，何度も繰り返すことで一人ひとり落ち着いて評価することができた。

Unit7　My Best Memory のルーブリック

	A	B	C
英語らしい音とリズム	英語らしい音とリズムで初めから終わりまでスラスラ話すことができている。	少しつまることもあるが，最後まで話すことができている。	原稿をずっと見ている。
聞き方の工夫	相手の言ったことをリピートしている。うなずきながら笑顔で聞いている。	うなずきながら笑顔で聞いている。	相手の顔を見ていない。
話し方の工夫	顔を上げる以外にも相手に伝わりやすい工夫ができている。	顔を上げて，聞いている人を意識して話している。	ずっと下を見ている。

このルーブリックの「話し方の工夫」では，相手に伝わりやすい工夫はどんなことができるか，あらかじめ考えさせて，クラスで交流させた。ジェスチャーをつけることや，教科書の絵や写真を見せながら伝えることなどの工夫が子どもたちから出た。これらのなかから自分にできそうな工夫を自分のルーブリックに書き加えさせてからパフォーマンステストを行った。これは前述の Unit 8 のルーブリックの「話し方の工夫②」でも同様に行った。

6　2019年度の評価についての校内研修

本校では2019年度，1年生から6年生までのすべてのクラスで英語の研究授業を行い，それについての討議を含む事後研修を行った。4・5・6年生の研究授業では教員全員がパフォーマンステストの評価をし，それについ

て事後研修で交流する時間をとった。事前にルーブリックを配布して，評価の説明をしたうえで参観した。

　研修後には，英語の授業で評価が必要ということを教員全員が認識し，その後の授業でパフォーマンス評価をするとしたらどんなルーブリックを作成するべきか考えたという声があった。児童は評価に対してたいへん関心が強くなった。「ルーブリックが早く見たい」「どんなテストか気になる」などという声が児童から出るようになった。これから，どの単元でどんなパフォーマンス評価が必要か考え，さらに中学校区でルーブリックや評価の結果の交流などを進めていく必要がある。そして，学年などで複数の教員で評価をして，交流することで，教員全員が妥当な評価ができるようにしていくべきであると考えられる。

■**ここがポイント！**…田縁　眞弓（ノートルダム学院小学校スーパーバイザー）■

　本実践では，評価ルーブリック作成やその段階設計において教師は児童の実態を考慮し，児童にも項目作成の一端を担わせている。それが，児童自身の内省に繋がり，自分の取り組みを見直す機会になったことが児童の発言からも窺える。パフォーマンス評価自体が，教師，児童がともに同じ目標に向かい学びを深めるためのツールとなっていることが印象的な事例である。

　発表活動，書くこと，やり取りと異なる三つの活動にパフォーマンス評価を取り入れた果敢な挑戦であるが，「今何ができるようになるか」といった目先の目標だけではなく，与えられたタスクの最終ゴールは何なのか，その指導過程で児童に培いたい力は何なのか，またそれらは学習指導要領の三つのどの目標に当たるのか，といった視点もルーブリックに加味されるとさらにこの評価の妥当性が高まる。パフォーマンス評価にはある程度のトレーニングが指導者にも児童にも必要である。全教員が同じ授業を参観し，パフォーマンス評価をもとに校内研修で話し合うというスタイルもたいへん参考になるだろう。

2 特色ある評価事例：ワークシートの活用

《東京都北区立袋小学校》

ルーブリックを活用した
ワークシートによる評価

同校校長 新紺 明典

1 学校の概要

QR1 を参照いただきたい。

2 ワークシートを用いた評価に至る経緯について

　本校の研究主題が，平成30年度に「コミュニケーションを図ることの楽しさを実感できる児童の育成〜外国語を通して児童が主体的に楽しめる授業の工夫〜」に決定し，研究主題を実現できる評価方法を校内で検討した。

　検討の際，重視したことは，学習指導要領の目標や内容に照らした目標準拠評価である「知識・技能」「思考・判断・表現」「主体的に学習に取り組む態度」の3観点を教師の授業観察の視点とは別に評価できる方法がないかということ。また，どのような評価規準が本校の研究主題に沿うのかということである。

　そこで，研究主題にある「楽しさを実感できる児童の育成」には，まず，一人ひとりが個々の達成感と自身の成長を自覚する必要があると考えた。そこで，ポートフォリオを用いることで，個々人がこれまでの学習を振り返ることができるのではないかと考えた。また，外国語のやり取りをお互いに楽しいと感じるには，相手，他者に配慮する必要があると考え，本校独自のグッドコミュニケーション（袋スタンダード）の指標を作成した。

　さらには，教員が子どもたちを評価するうえで，目標となる指標（CAN-DOリストのようなもの）がないと評価ができないのではないかと考え，ルーブリックを本校独自に作成した（QR2）。そのような検討のうえ，生まれたものが，本校の振り返りシート（QR3）である。

3 ポートフォリオ評価について

本校の振り返りシート（QR3）は，新学習指導要領における「知識・技能」
「思考・判断・表現」「主体的に学習に取り組む態度」，の3観点を三角形の
レーダーチャートを用いて，観点ごとに各自が振り返るというものである。
それぞれの観点の項目は，個々人がポートフォリオとして振り返りをしやす
いように，同じ項目を用いて振り返るようにした。6学年の文言を一例とし
て提示したい。

> 6年　振り返り項目
>　「知識・技能」学習した単語や表現について，聞いたり，言ったりす
> ることができる。「思考・判断・表現力」自分の伝えたいことや思った
> ことを相手と伝え合っている。「主体的に学習に取り組む態度」他者の
> ことを考えながら，またグッドコミュニケーションを意識しながら，伝
> えあおうとしている。

他各学年の文言については，QR4を参照いただきたい。

4 ポートフォリオの評価の仕方について

本校では，振り返りを毎時間行い，ポートフォリオとして，本校で用意し
たファイルに振り返りシートを綴じてきた。

さらには教師が，振り返りシートを3単元ごとに集計し，その結果（QR5）
を児童に見せ，次回の単元に生かせるようにした。

このように，児童が，ポートフォリオを用いて，過去の自分と比べること
で，自身の学習状況を理解し，学習の成長を実感できるものとした。

児童は，集計結果から，今までの学習の経過における達成具合をレーダー
チャート（QR3）の三つの項目の数値を結んだ三角形の大きさから判断でき
ること，また，過去に綴じてきた自身の感想を読むことで新たな気付きが生
まれ，意欲が生まれてきた。

教師の評価としては，教師が3単元ごとに集計したレーダーチャートを含
んだ振り返りシートおよび毎時間の振り返りシートの感想記述から，児童を

評価してきた。感想記述の評価については，後ほどルーブリック評価とともに，述べていく。

5　グッドコミュニケーションの指標について

　本校では，外国語が楽しいと感じるためには，お互いが相手に配慮してコミュニケーションを図ることが大切であると考え，本校独自にグッドコミュニケーション（袋スタンダード）の指標を作成した（QR6）。

　コミュニケーションの基本は With all your heart という姿勢が大切であり，ただ声を大きく出したり，ジェスチャーをしたりすればよいというのではなく，場面，状況，目的によって，子どもたちが考え，コミュニケーションを図ることが大切であると指導してきた。子どもたちは，その指標をもとに授業を振り返り，互いに相互評価をすることができるようになった。

6　グッドコミュニケーションの評価の仕方について

　本校では，グッドコミュニケーションを相互に客観的に観察することができるようにとタブレット端末を用いて相互評価を行った。

　発表練習の際は 3 人組になり，発表者，聞き手，観察者（撮影者）と分かれて，発表が終わった後にタブレット端末の動画を見て，適切なフィードバックができるようにした。

　発表者は，発表の様子を自分自身で見ることができない。したがって相手から「アイコンタクトができていない」とのフィードバックをもらっても，どんなときに，どのようにできていないのかを気付くことができない。しかし，動画を見ることで，自分の振る舞いを具体的に観察することができ，そのうえで，どうすればできるようになるかと考えることができる。何よりも，コミュニケーションを図るうえで，子どもにとって相手に配慮するという評価のものさしができたのがよかった。

7　本校独自のルーブリックについて

　ルーブリックは，リフレクションの段階的な質，深さに言及する Moon（2004），Hatton & Smith（1995）の資料を参考にした（QR7）。

それをもとに本校では，外国語活動・外国語科における評価のルーブリックを作成した（QR2）。授業の振り返り時に，経験したことをどのように振り返るかが，今後の行動変容に重要であると考えた。ただ，振り返ればいいというのではなく，あるテーマや観点に沿って書くなど，その質がとても重要であると考えるに至った。

8　ルーブリックの評価について

子どもたちは，「3　ポートフォリオ評価について」で示した振り返りシートに貼り付けてある付箋紙に振り返りを書く。学習が終わったらその付箋紙を剥がし，担当教師で，具体的な記述例をもとに，付箋紙のレベル分けを行った（QR8）。▼6学年児童によるレベル3，4と位置付けた振り返り

Lv0やLv1のような児童の振り返りの質を向上させるために，Lv3，4のような気付きを中心とした振り返りをしている児童をクラスで共有した。また，どのような振り返りをしているかを皆に考えさせることで，授業への意欲・関心が高まり，結果的に，皆の振り返りの質が高まる結果となり，行動の変容へと繋がった。

9　総括：ワークシートによる評価のよい点と今後の課題について

⑴　よい点

①ポートフォリオを用いたことで，過去の学習から成長を自分自身で感じることができ，意欲を高めることにつながった。

②相手，他者を配慮してコミュニケーションを図るための指標をお互いがもつことで相互評価が生まれ，どのように改善していけばよいかがわかるようになった。

③ルーブリックを用いることで，子どもたちの行動変容に向かうステップがわかった。その手立てがわかることで，手立てが立てやすくなった。

(2)　今後の課題について

①振り返りシートだけでは，3観点を網羅して評価することはできないということで，発表におけるパフォーマンス評価とあわせて評価することが好ましいのではないかと考えた。

②タブレット端末など用い，相手や他者と見合う工夫を取り入れているので，そのときに相手や他者の気付いたことなどを振り返りシートに記入し，お互いに話し合う時間を作る。相手や他者から評価されれば，さらに自己の成長を認識できると考えられる。

■**ここがポイント！**…東　仁美（聖学院大学教授）■

　ポートフォリオを活用した自己評価において，児童がリフレクションの質や深さを体得していくための手立ては，主体的に学習に取り組む態度を育成するうえでたいへん参考になる実践事例である。5段階のリフレクションレベルを認知する力は，他教科の学習においても自己調整力の素地となるであろう。学級で話し合って考えた With all my heart（心をこめて）というグッドコミュニケーションのモットーは，学級担任が築き上げてきた学級運営の延長上にある。本実践での評価活動は，小学校外国語科で育てたい力は人と人との円滑なかかわり合いであることを端的に示している。

　今後の課題として，発達段階に応じたわかりやすい振り返りの文言を精査することが挙げられる。「知識・技能」「思考・判断・表現」「主体的に学習に取り組む態度」は指導者目線の項目である。振り返るべきポイントを児童が即座に理解し，妥当性のある自己評価ができるようにさらなる工夫が求められる。

2 特色ある評価事例：映像を活用した評価

《東京都新宿区立四谷第六小学校》

タブレット動画を活用した評価方法の工夫

同校主任教諭 内田　啓介

1　本校の概要

新宿区立四谷第六小学校は新宿区四谷地区にあり，令和2年度，創立95周年を迎える。児童数は，全学年2クラスで合計346名。新宿御苑，神宮外苑に囲まれ，校庭は天然芝生の緑の多い自然環境に恵まれている。また，国立競技場から一番近い小学校でもある。本校は新宿区教育

委員会より，平成29年度に「教育課題モデル校」，平成30年度，令和元年度に「教育課題研究校」の指定を受け，3年間継続して外国語・外国語活動の研究を推進し，令和元年度10月に区内教員向けに研究発表を実施した。

また，新宿区は全教室に黒板ではなくホワイトボード・プロジェクターを完備しているため，タブレット動画等をその場で映し出すことができる。本研究では，低中高学年の分科会を設定し，各分科会でタブレット動画を用いた評価方法について，研究を深めた。

2　タブレット動画を活用した評価の観点

本校では，研究のスタート時にコミュニケーションに必要なスキルとして，アイコンタクト・ジェスチャー・レスポンス・リアクション・スマイルなどを全教科通じて習熟させることを，全教職員で共通理解して研究を進めた。その評価の方法として，タブレット動画を活用した。授業を振り返る際，教師だけでなく，児童はこれらのコミュニケーションスキルができているかどうかを，自己評価・相互評価の材料として見ることができた。

　ただし，これらの項目はあくまで態度面におけるスキルであり，外国語・外国語活動の評価規準「思考・判断・表現」や「主体的に学習に取り組む態度」のすべてではない。そのため，本校では研究を重ねることで，

「思考・判断・表現」…「伝えている」

「主体的に学習に取り組む態度」…「伝えようとしている」

と，姿を明確にして，観点ごとに評価できるように，タブレット動画を活用してきた。とくに，「会話に詰まっても相手に伝えようとする姿勢」を見取るために，主に話す活動「やり取り」や「発表」の際に，学級全体で振り返りをしてきた。

3　タブレット動画の活用場面

　大きく分けてタブレット動画は授業のなか，また授業後に，以下の4場面で活用した。

(1)　導入

○スモールトークや本時のアクティビティのお手本（ALT不在時の授業で事前にALTと会話している様子を撮影)

○前時の児童の様子の振り返り

(2)　展開

○児童のやり取りや発表の振り返り（1分程度の短時間で行う）

　本校では授業の途中に，児童が自己評価できるよう中間評価として「クイックレビュータイム」という名称で，短時間活動を止め，児童のやり取りの様子を振り返っている。

(3)　まとめ

○児童のやり取りや発表の振り返り（5分程度で行う）

　授業のまとめとして，本時の児童同士のやり取りを振り返ることで，コミュニケーションスキルや本単元で習得すべきセンテンスの習得状況，会話に詰まって困っている状態への対応などをクラス全体で共有する。

(4)　授業後

　教師が児童の目標表現の習得状況を把握するために，他の教員と共に振り

返りに活用する。また，動画を単元ごとに撮りためることで，児童の成長なども確実に把握して評価することができる。

4　動画を活用した評価の具体的な場面

(1)　話す（やり取りする）活動の場合

　「やり取り」をする活動は，とくに児童の姿を正確に見取るのが困難である。そこで，教師が巡回しながら児童の様子をタブレットで動画撮影し，記録を残すことで，授業中に学級全体で振り返りをしてきた。

　たとえば，「伝え合っている，聞き取っている」（思考・判断・表現）と，「伝え合おうとしている，聞き取ろうとしている」（主体的に学習に取り組む態度）を，児童同士が自己評価，相互評価を行えるように，理想となる姿を学級全体で共有することが効果的であった。

　常日頃から学級全体で動画を振り返り，会話の内容を確認しながら，「この言い方は伝え合うことができているね」（思考・判断・表現）や，「ここは伝えようとしているけど伝えるのはむずかしかったね」（主体的に学習に取り組む態度），「この場面では相手に伝わっていないから，何とか伝えようと，相手に確認の質問をして伝えることができたね」（思考・判断・表現，主体的に学習に取り組む態度どちらも）というように，具体的に何ができているかをクラス全体で共有することを続けてきた。

　また，教師だけでなく班で1台タブレットを活用し，児童同士でもやり取りを撮影し合い，その場で振り返る活動も実践してきた。

　動画で振り返ることで，何度も会話を聞くことができ，児童同士でも，「Aさんがこんな言い方をして伝わっていたので，よいと思いました」「Bさんは，質問して聞き直していたのがよかったです」と，具体的なコメントを言い合えるようになった。これらは，児童同士が思考・判断・表現と主体的に学習に取り組む態度，両方の姿を相互評価し合う姿と言えるだろう。

そして，その様子は振り返りカードからも読み取ることができた。ある児童が「CさんがI want to be a doctor. How about you? と自分から質問しているところがよかったので，自分も次の授業で質問できるようにしたいです」と振り返りカードに書いた。これは，動画でCさんの姿を確認して，自分の気付きになり，次の授業に繋げて考えるという，学習を調整する姿と言えるのではないだろうか。

事後には，担任と他の教員が一緒に動画を見ながら児童の姿を確認し，どこが「思考・判断・表現」になるのか，どこが「主体的に学習に取り組む態度」になるのかと，具体的な姿を共有しながら評価することができた。そこから次時の授業改善についても話し合い，次の授業の導入で児童にフィードバックして，理想的な姿を共有し，やり取りに繋げることができた。これらは，タブレット動画を用いた評価として，非常に有効であったと考える。

課題としては，タブレットの性質上，音声を拾いにくいことが挙げられる。児童に活動させる際，「クラス全体で3人とやり取りしましょう」などと，自由に活動させると，そこかしこでやり取りが始まり，非常に賑やかになってしまう。そのままタブレットで撮影してみても，特定の児童同士の会話が不鮮明になってしまう。

そこで，動画を撮影する際に，態度だけでなく音声もきちんと拾う必要があるため，
○授業中や授業の前に個別に廊下や他教室に呼び出して撮影する
○全体のなかで代表児童，グループを撮影する
○児童同士が少人数のグループで撮影する
○アクティビティの形を工夫して，順番に会話するようにする
などの，確実に音声を録画するための工夫が必要であった。

マイクを用いて撮影する機会もあったが，特定のグループの会話と同時に周りのグループの会話も大きな音で拾ってしまい，結局聞き取りにくいものになってしまった。この辺りについては，今後も改善の必要がある。

(2) 話す（発表）活動の場合

「発表」活動は，児童一人ひとりが発表するため，カメラを固定して撮影することで，音声も鮮明に録画することができた。発表の仕方で「よい点」

については，クラス全体で動画を見ながら振り返り，理想の姿として共有した。また，単元途中の練習段階と，終末の発表段階を撮りためることで，児童の成長が見て取れる。事後に振り返りをする際，担任はもちろん，他の教師とも共有できるので，指導の改善に生かしやすいというメリットもある。

(3) 書く活動の場合

　高学年では原稿やポスターなどの成果物を撮影して，児童の相互評価に活用した。具体的には，成果物を映し出し，

ア　しっかり文字をなぞっているか

イ　正しく書き写しているか

ウ　4線上に大文字・小文字を区別して書くことができているか

エ　単語と単語の間が離れているか

などのポイントを活動の度に振り返り共有することで，児童が自己評価・相互評価することができるようになった。結果としてとくに単語と単語の間を離して書く必要があることに気付き，意識的に書ける児童が増えた。

■ここがポイント！…東　仁美（聖学院大学教授）■

　全教室にホワイトボード・プロジェクターが設置され，教科学習でタブレットが常用されている教育環境を存分に生かした実践である。話すこと［やり取り］，話すこと［発表］，書くことの3領域での実践報告のうち，やり取りでの学習者同士の学びを高める活動は特筆に値する。報告でも指摘されているように，話すこと［やり取り］は多数の児童が一斉にかかわり合うため，授業内での見取りがむずかしい活動である。本実践では班に1台のタブレットという恵まれた環境のなか，児童同士で動画を視聴することで学び合いが生まれている。報告からは，児童がお互いのやり取りを振り返り，的確にフィードバックをし合っている様子がうかがえ，主体的に学習に取り組む態度が育っていることがわかる。今後の課題として，相互評価の場を設定するにあたっては，まず授業のなかでモデルとなるやり取りを示し，そのうえで評価基準のルーブリックをクラスで共有するなど，段階的に取り組んでほしい。

２ 特色ある評価事例：ペーパーテストを活用した評価

《岐阜大学教育学部附属小中学校》

学習の歩みを踏まえた
「聞く・読む・書く」のテストと評価

同校教諭 千嶋 里英

QR1

1 学校の概要（QR1）

　本校は，岐阜県岐阜市に位置する国立大学附属学校で，2020年より義務教育学校として新たな歩みを進めている。また本校は，平成30年より文部科学省のカリキュラムマネジメントの指定を受け，5・6年生の英語の教科化を進めてきた。

2 ペーパーテストの実施

　指導と評価の一体化を図り，児童の学習評価を充実させるために，日々の児童の学習状況をそれぞれの観点で評価を行うことに加えて，単元や複数の単元を通したまとまりで評価の場面を位置付けることも必要になる。本校は，前期・後期の2期制であり，学期ごとに1回のペーパーテストを行った。ペーパーテストでは，3観点のうち，「知識・技能」「思考力・判断力・表現力等」について問題を作成した。

3 ペーパーテストの作成上の留意点

　5・6年生を対象にしたペーパーテストを作成する際に大切にしたことは，テキストで扱われている事柄に加え，日々の授業で扱った学習内容を踏まえながらテストを作成することである。本校はLet's Try!やWe Can!を主な教材として用いた授業を行い，それに加えて授業の導入時には，「Teacher's Time」や「Small Talk」という時間を設けている。「Teacher's Time」では，児童にとって身近な話題を取り上げ，本時の活動で用いる目標表現を使いながら，教師と児童が対話を繰り返す活動である。その後，「Small Talk」を実施する。「Small Talk」では，既習の表現を用いて，児童が自由に自分の思いや考えを伝え合う場としている。これらの活動により，We Can!などの

教材を用いた学習を，より充実したものにすることができる。指導と評価の一体化を図るため「Teacher's Time」や「Small Talk」で扱った表現も踏まえながら，「聞くこと」「読むこと」「書くこと」のテストを作成した。「話すこと」については，ペーパーテストではなく教師と児童が1対1で英語のやり取りを行うパフォーマンステストを別に実施している。

4 「知識・技能」の指導と評価

⑴ 「聞くこと」に関する評価問題（Listening Test）

　前期に学習した単元を通して，どのくらいの語彙や表現を聞き取ることができるのかを測る問題を作成した。前期の間には，四つの単元の学習を行うが，児童は各単元内の学習時には何度も耳にして，理解して聞き取ることができていた語彙や表現であっても，その他の単元を学習する際には理解ができない姿が見受けられた。つまり，指導された内容が十分に定着しているか測る必要があるということである。そこで，学期に1度評価問題を作成し実施することで，一定の期間にどの程度の語彙や表現が定着されているか測ることとした。

〈6年生　前期末の評価問題〉

3. 外国から遊びに日本にやってきたマイクが自己紹介をしています。マイクについて話していることを聞き取って，出身地，好きな教科，できること，誕生日について下のわくに日本語で書きましょう。

①	出身地	②	好きな教科
③	できること	④	誕生日

Hello.
I'm Mike.
I'm from America.
I like P.E and science.
My favorite sport is soccer.
I can speak English and Japanese very well.
My birthday is March 18th.
Thank you.

　自己紹介を聞いて，出身地・好きな教科・できること・誕生日を聞き取る問題である。これは，We Can! 2 Unit 1「This is Me!」で学習した内容であり，文章で話されるものを聞いて，必要な情報を聞き取る問題である。単語の意味に加えて，出身地や好きなもの，できること，誕生日の表現の仕方についても聞き取ることが必要になる。

〈評価規準〉

　自己紹介を聞き，出身地，好きな教科，できることや誕生日などの表現を

理解し必要な情報を聞き取っている。

⑵　「書くこと」に関する評価問題（Writing Test）

　「書くこと」については，これまで授業のなかで取り扱ってきた内容について，正しく書き写す問題を行った。文字については，音声で十分に慣れ親しませてから書く指導を行う。文字を書く指導に当たり，大文字・小文字を活字体で書かせることや，文字の高さの違いを意識させることなど特徴を理解できるように指導していく。どこまで理解して書くことができるようになっているか，継続的な書く指導に加えて評価問題でも測ることができる。

〈6年生　前期末の評価問題〉（QR2：評価問題）

QR2

　前期に学習した単元の表現を書き写す問題を行った。どの問題にも見本となる文があり，その文を見ながら，正しい位置に正確に書けるかを測る。大文字や小文字の特徴を理解していることや，文章を書くときには単語と単語の間にスペースを空けるなどの理解，また正しく書くことができる技能に注目した。

〈評価規準〉

　アルファベットの大文字および小文字の特徴を理解し，単語を正しく書き分け，語と語の区切りに注意しながら正しく書き写す技能を身に付けている。

5　「思考力・判断力・表現力等」の指導と評価

⑴　「聞くこと」に関する評価問題（Listening Test）

　目的や場面，状況に応じて，日常生活に関する身近で簡単な事柄について具体的な情報を聞き取ったり，短い話の概要を捉えたりすることがどのくらいできているかを測る。

〈5年生　前期末の評価問題〉（QR3：評価問題）

QR3

　物の位置を表す表現や道案内をする表現の学習を行う Unit 7「Where is the treasure?」の学習内容を扱った評価問題である。ジョンが「クラブ活動で使うもの」を忘れてしまい，届けてほしい物について電話で説明する場面の設定を行った。部屋の中にある物について，クラブ活動に必要と思われる物を推測しながら特徴や位置を表す表現を聞き，どの物のことを説明しているのか答える。

〈評価規準〉

　クラブ活動に必要と思われるものを推測し，物の場所を表す表現を理解して，説明している物や話の概要を捉えている。

⑵　「読むこと」に関する評価問題（Reading Test）

　「聞くこと」「話すこと」を中心として学習を進めてきた中学年での３領域から，５・６年生の外国語では５領域へと変わり，「読むこと」および「書くこと」を加えて総合的・系統的に学習が進められる。そこで，「読むこと」についても評価問題を作成し実施をした。

〈６年生　前期末の評価問題〉（**QR4**：評価問題）

QR4

　６年生の夏休み明けに，Unit 5「My Summer Vacation」という単元で夏休みの出来事をテーマに学習を行う。学習指導要領の「読むこと」の目標に合わせて，音声で十分に慣れ親しんだ語句や表現で書かれた手紙を，推測しながら読んで答える問題を作成した。児童は，手紙を読む際に，書き手であるKumiが，誘っている内容にどのように返事をしようか考えながら読むことが期待され，⑵の設問で「思考・判断・表現」の観点を評価しようとする問題である。

〈評価規準〉

　夏休みのことについて書かれている手紙の返事を書くために内容を読み，書かれた内容の概要を捉えている。

6　「主体的に学習に取り組む態度」の指導と評価（QR5：単元シート）

QR5

　主体的に学習に取り組む態度の評価については，ペーパーテストによる評価ではなく，日々の授業場面での指導と評価を継続的に行うことが有効であると考える。ここでは，毎回の授業の終末に行っている「振り返り」が単元全体を通して行えるように工夫した「単元シート」の作成例を示した。「単元シート」の活用により，児童の見通しを持った学習を促すとともに，自らの学び方を考え調整する力の育成につながると考える。また，児童の「単元シート」の記述から，児童がどのような意識で学習に向かっていたかを把握し，「主体的に学習に取り組む態度」の変容を継続的に評価する際に活用する。

7　児童の姿と今後の指導

　「聞くこと」の問題では，聞いた語彙と絵を一致させる問題は比較的正答できている児童が多いものの，まとまった文章を聞いて答える問題になると，正答率が下がった。そこで，児童が多量で良質な英語を聞く機会を増やすために，授業の導入時に行っている「Teacher's Time」の充実を行った。「書くこと」の問題では，語と語の間にスペースを空けることがむずかしいことが分かった。そこで，語と語のスペースの部分を分かりやすくするためにスペース部分に丸を書いたものを提示したり，児童自身もスペースの部分に丸を書きながら文章を書き，後から消したりするという指導を行った。

　評価問題は，学習の総括的な評価を行う手段としてのみではなく，その適切な活用により，指導と評価の一体化を図り，児童の学習改善や教師の指導改善に役立てることが大切であると考える。

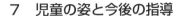

■**ここがポイント！**…巽　徹（岐阜大学教授）■

　本事例では，指導を実施した単元内のみで学習状況の評価を行うのではなく，前期・後期という一定のまとまりのなかで評価を行うペーパーテストを用いた例を紹介している。このように外国語の学習においては，まとまった期間のなかで児童の学習状況を把握する評価のあり方を考えることは重要である。

　また，ペーパーテストは多様な評価の方法のうちの一つであり，ペーパーテストによる評価がふさわしい選択であるか，実施した言語活動や指導内容に照らして判断することが大切である。とくに，「思考・判断・表現」の評価では，目的や場面，状況に応じた各領域の学習状況を把握できるような工夫が必要であり，本事例は，ペーパーテストを用いた評価のあり方の例として参考になる一方で，今後も多くの実践を共有し工夫を重ねていくことが大切となる。

　　※なお，業者テストについては，21頁Q9を参照していただきたい。

《岐阜県岐阜市立長良東小学校》

資質・能力を明確にした評価問題のあり方

同校教諭 武部　八重子

1　学校の概要

QR1 を参照いただきたい。

QR1

2　筆記による評価問題作成の経緯

　平成27 〜 30年度，筆者は岐阜県小中学校英語研究部会小学校評価の部に所属し，「話すこと［やり取り］」領域のパフォーマンス評価問題，「読むこと」「書くこと」領域の期末評価問題等を作成した。これと並行し，自校において「聞くこと」「読むこと」「書くこと」領域における第5・6学年の単元ごとの評価問題（いわゆる「単元テスト」にあたるもの）を，試行錯誤しながら作成した。ここでは，「読むこと」「書くこと」についての評価問題を中心に，作成の手順，「知識・技能」と「思考・判断・表現」の捉え，各問題例の出題意図を述べる。また，ペーパーテストを実施するまでの指導において心がけたことについても触れていきたい。

3　評価問題作成の手順

　評価問題作成当時，『参考資料』など，評価規準作成のよりどころとなる公の資料は公表されていなかった。そこでまず，問題作成の根拠を明確にするために，平成29年度に公示された学習指導要領小学校外国語・外国語活動解説（以下「解説」），新教材 We Can! 指導書および年間指導計画例などを読み，各領域の目標やその具現に資する言語活動等を整理した（QR2：「読むこと」「書くこと」問題作成の根拠）。

QR2

　たとえば，「読むこと」について，学習指導要領「解説」第1節外国語科の目標には，「『推測しながら読む』とは，中学年から単語の綴りが添えられた絵カードを見ながら何度も聞いたり話したりしてその音声に十分に慣れ親

しんだ単語が文字のみで提示された場合，その単語の読み方を推測して読むことを表している。また，場面などを活用して読むことも考えられる。たとえば，動物園の絵のそばに添えられた zoo という単語があれば，音声で十分慣れ親しんだ語を思い出して，zoo が読めることも考えられる。あるいは，book の b の発音を思い出して，bed を推測しながら発音することも考えられる」といった，「推測しながら読む」という言葉が表す具体的な様相を示す記述がある。こうした具体的な様相や，「第 6 学年外国語年間指導計画例」（平成 30 年 3 月 31 日最終版）や，We Can! 2 本誌，あるいはワークシートの英文例などを参考に，どのような段階を踏んで，どの程度の語句や英文を推測しながら読むことができるようにするのか，評価規準の明確化とそれに基づく評価の見通しを立てた（QR3：「読むこと」「書くこと」の評価の内容と具体例の整理）。

QR3

その後，各単元について「指導と評価の計画（単元指導計画）」を立て，それに基づいて評価問題を作成した。指導と評価の計画を立てる際には，「話題」「内容」「方法」「程度」の四つの視点から目標を立てること，また，目標を具現した児童の発話例，筆記例を明記することに留意し，指導と評価を一体的に行えるようにした（QR4：指導と評価の計画例）。

QR4

4　「知識・技能」と「思考・判断・表現」の捉えと問題例

「知識・技能」と「思考力・判断力・表現力」は不可分であり，一体的に指導するものであるが，筆記による評価問題を行う際には，「知識・技能」と「思考・判断・表現」の能力の定着状況を見届けるため，それらの捉えを以下のように整理した。

(1)　読むこと

知識・技能
目的・場面・状況が特にない問題において，活字体で書かれた文字を識別し，その読み方を発音することができる能力／音声で慣れ親しんだ簡単な語句や基本的な表現を読んで意味がわかる能力
問題例
・動物のイラストを見て，指定された文字で始まるものに丸をつける。

Ex. k: コアラに丸をつける，p: パンダに丸をつける，など

思考・判断・表現
コミュニケーションの目的・場面・状況が設定された問題において，活字体で書かれた文字を識別し，その読み方を発音することができる能力／音声で慣れ親しんだ簡単な語句や基本的な表現を読んで意味がわかる能力

問題例

・目的をもって読み必要な情報を得る。
Ex. オリンピック・パラリンピックのチケットを買うために，ウェブサイトを見ています。それぞれの子が見たいスポーツは何曜日のどの会場のチケットを買えばよいでしょう。表を読み，曜日と会場を日本語で空欄に書きましょう

オリンピック・パラリンピックで，各人物が見たい競技は，何曜日のどの会場で行われているかを問う問題。

児童は，各人物が望む（イラストに合う）競技名，その競技が行われる曜日と場所を読み取って日本語で答える。

(2) 書くこと

知識・技能
目的・場面・状況が特にない問題において，大文字・小文字を活字体で書くことができる能力／音声で慣れ親しんだ簡単な語句や基本的な表現を書き写したり，音声で十分に慣れ親しんだ簡単な語句や基本的な表現を書く能力

問題例

・大文字で書かれた看板を見て，小文字をノートに書く。

例　CLUB → club, DREAM → dream など，実生活で見る機会が多いもの。

6　看板を見て，4線上の正しい位置に，小文字で書きましょう。各5点【大文字と小文字を識別して書く】

CLUB　　　　　　　DREAM

思考・判断・表現

> コミュニケーションの目的・場面・状況が設定された問題において，大文字・小文字を活字体で書くことができる能力／自分のことや簡単な事柄について，手本や単語の一覧などを参考にしながら，音声で慣れ親しんだ簡単な語句や基本的な表現を用いて書くことができる能力

> 問題例

> ・夏休みの思い出／学校行事の思い出／将来の夢について，語と語の区切りに注意して，4文程度のまとまりのある紹介文・意見文・日記文・スピーチ原稿・手紙文を，例を参考に語順を意識して書く。

> ┃4┃　英語の授業で、クラスで1冊、「1年間の思い出アルバム」を作成することになりました。あなたは、修学旅行のページを担当することになりました。手本を参考に、修学旅行の思い出について作文を書きましょう。作文には、自分が行った場所、印象的だったこと（食べたもの、楽しんだことなど）、その時の気持ちを書きましょう。なお、手本にない単語については、We Can!2のワードリスト（p.82～）を見て書きましょう。（載っていないものは、ローマ字で書いてもよいこととします。）
>
> 　　　　　　　　　　　　　　（部分点あり）【相手に伝える目的をもって、選んで書く】
>
>
>
> My best memory is my school trip.
> I went to Hokkaido.
> I ate fish.
> It was great.
>
> 　　　　　　　　　　注：上記の例を参考に，4線上に書く。

　なお，「書くこと」の「思考・判断・表現」の能力を評価する問題については，内容，正確さ，表現方法，分量の4観点について，加点方式で採点した。

> 評価基準の例
> 内容　問題文に示された条件を全て満たして書いている…5点
> 　　　　問題文に示された条件のうちいくつかについて書いている…3点

問題文に示された条件のうち一つは書いている…1点

5　評価問題作成の利点と指導において心がけたこと

　事前に評価問題を作成したことで，学習到達目標を具現した児童の姿をより明確にすることができた。これを踏まえ，評価問題で設定した目的・場面・状況と類似の言語活動を，意図的に繰り返し位置付けるとともに，英語学習についてのアンケートや日々の学習状況の見届けから，「読むこと」「書くこと」に苦手意識をもつ児童を把握し，「本時，この場面で個別の支援を」などと，計画的に支援した。また，単位時間や単元内にとどまらず，長期的な視野で児童の成長を評価し，児童が学習の達成感を味わえるようにした。

■**ここがポイント！**…加藤　拓由（岐阜聖徳大学准教授）■

　本事例では，「読むこと」「書くこと」についての単元の評価テスト作成のプロセスや，「知識・技能」「思考・判断・表現」を評価テストでどのように捉えるかについて，具体的な例を挙げて述べている。「読むこと」や「書くこと」についての評価テストは，他教科のテスト同様に学習処理能力が結果に関係するため，単に記憶力を試すような問題に終わらぬよう，慎重な配慮が必要となる。筆者は評価の計画を立てる際に，目標を「話題」「内容」「方法」「程度」の四つの視点に分け，目標を具現した児童の発話や筆記の例（アンカー作品）を明示している。このように，児童のゴール像を明確化することで，途中段階の指導改善・学習改善に役立てることができる。また，「思考・判断・表現」の評価テストにおいては，コミュニケーションの目的・場面・状況を意識した課題を設定していることは重要である。市販のペーパーテストなどを活用して評価を行う際にも，コミュニケーションの目的・場面・状況があるかどうか，また，音声で十分に慣れ親しんだ簡単な語句や基本的な表現を扱っているかどうかを十分に吟味する必要がある。

2 特色ある評価事例：学級担任中心による評価

《新潟県新潟市立真砂小学校》

学級担任がチームで進める「指導と評価」

同校教諭 清野　真輝

1　学校の概要

QR1 を参照いただきたい。

QR1

2　学級担任がチームで進める「指導」

当校は令和元年度，文部科学省「生徒の発信力強化のための英語指導力向上事業」の研究指定を受けた。学級担任中心で進める外国語教育を展開し，研究発表会で情報発信を行ってきた。その取り組みを簡単に紹介する。

(1)　学級差を減らす，"チーム学年"での「ALT との打ち合わせ」

これまで当校は，ALT との打ち合わせを「授業日の朝，各学年の外国語担当者が，当日の授業計画について」行ってきた。その後，各学年の外国語担当者が学年の担任に打ち合わせの内容を伝えていたが，取り組みを進めるなかで課題が見えてきた。それは，打ち合わせを行う外国語担当とそれ以外の学級担任とで指導内容への理解に差が生じているということである。指導者の理解の差は「学級差」へと直結するため，次のように改善した。

> ALT との打ち合わせは，「単元導入の１週間前の昼休みに，学級担任全員参加で，単元計画の打ち合わせ」を行う！

これにより，朝の忙しい時間を避け，学年の学級担任全員が集まりやすい昼休みに打ち合わせを行った。また，単元導入前に単元計画全体について打ち合わせを行うことで，学級担任も ALT も見通しをもって準備を進めることができるようになった。

(2)　"チーム学校"で取り組む，「外国語教育の授業づくり」

当校の教員は意欲がたいへん高いものの，外国語教育に対しては指導法に

155

大きな不安を抱いていた。そのため，次の取り組みを学校全体で行った。

①各単元に「単元の中心となる言語活動」を明確に設定し，その言語活動に向けた単元計画を逆向き設計で作成した。

②「使用場面ごとの Classroom English 活用集」を作成し，場面ごとに2週間の「強化週間」を設定し，全学級担任で集中的にスキルアップを図った（QR2参照）。

③研究の成果や国の情報をまとめた，指導場面ごとの「11の Teaching Method」を作成した（QR3参照）。

④取り組みの確実な実施を進めるために，管理職が積極的に授業をモニタリングし，指導した。

QR2

QR3

> 指導法に不安を感じていた学級担任のニーズに応えた具体的な取り組みが「チーム学校」を作った！

3 学級担任がチームで進める「評価」

⑴ We Can! 2 Unit7「My Best Memory」（第6学年）における評価活動

①単元における「指導と評価」計画

> 【We Can! 2 Unit7「My Best Memory」（第6学年）】の概要
> ◆単元の中心となる言語活動
> 　「小学校生活を振り返り，6年間の思い出アルバムを作って，学習参観日に家族に発表しよう！」
> ◆単元計画（全8時間）：詳細は QR4参照
> ◆評価する領域：「話すこと［発表］」（7時間目）
> 　　　　　　　　「書くこと」（6時間目）※本稿では省略

QR4

〈評価計画（記録に残す評価）〉　　　　　　　　　　　※パ：パフォーマンス評価

時	知識・技能	思考・判断・表現	主体的に学習に取り組む態度
1	※空欄は，記録に残す評価は行わないが，目標に向けて指導を行う。児童の学習状況		
2	を記録に残さない活動や時間においても，教師が児童の学習状況を確認する。		
3			
4			
5	書 思い出の行事・理由・気持ち		
6	発 思い出の行事・理由・気持ち	書 思い出の行事・理由・気持ち	
7		発 思い出の行事・理由・気持ち（学習参観での発表）	
8			
パ	聞・や 思い出を伝えよう		聞・や 思い出を伝えよう

　「学習参観での家族への発表（7時間目）」に生かすために，発表文が完成した5時間目の次の時間（6時間目）に，「話すこと［発表］」における「知識・技能」について，記録に残す評価を行った。

　「単元の中心となる言語活動」に向けて逆向き設計で単元を構成したことで，毎時間スモール・ステップで表現を導入し，"Small Talk"で積極的に復習できた。そのため，6時間目の段階でほとんどの児童が「おおむね満足できる」状況(b)であった。

　一方，「努力を要する」状況(c)である児童が5名いたことも分かった。評価後の学級担任からの個別指導やグループ内での児童同士の支え合いにより，7時間目の発表では「努力を要する」状況(c)であった児童が全員「おおむね満足できる」状況(b)へと向上できた。

②単元後の「パフォーマンス評価」

　Unit7を指導した1ヵ月後に，学びの定着を評価するために「パフォーマンス評価」を計画した。パフォーマンス評価に不慣れな学級担任へのていねいな説明と学級担任の主体的な参画が大事と考え，詳細な評価実施計画を担当からトップダウンで示すのではなく，学級担任と一緒に計画を立案し，準備を進めることとした。

　㋐学級担任と作る「パフォーマンス評価実施計画」

◆チャレンジ課題のテーマ

　「今年の（バーチャル）行事の思い出を，友達同士で発表し合おう」

◆評価する領域：「聞くこと」「話すこと［やり取り］」

　（観点はいずれも「知識・技能」「主体的に学習に取り組む態度」）

◆時数（2時間）：1時間目：説明，指導，準備

　　　　　　　　　2時間目：評価活動（45分間で全員実施）

当校では児童への心理的不安を軽減するため，「パフォーマンス・テスト」とは呼ばず，「チャレンジ・タイム」と呼ぶこととした。

第6学年の学級担任3名へパフォーマンス評価の意義と上の大まかな計画について説明した後，一緒に具体的なチャレンジ課題の作成と評価方法の検討を行った。

まず，課題に使用する行事名を選ぶことから始めた。すると，学級担任がUnit7の指導を思い出し，「この単語は児童にはむずかしくて，なかなか定着しなかった」「そうそう。この単語も…」と児童の学びの様子を話し始めた。これは担任だからこそ知っている情報である。そこで，担任の意向を尊重し，今回は初めてのチャレンジ・タイムでもあったことから，定着がむずかしかった単語は外すこととした。

この他に，次の内容についても話し合った。

○ めざすやり取りの具体　　　　○ 評価基準

○ 1グループの実施人数，時間　○ 評価前後の児童の活動

こうして，学級担任が中心となって「パフォーマンス評価実施計画と教材（写真）」（QR5参照）および「ワークシート」（QR6参照）が完成した。作成の意図も添えたので，ぜひ資料を参照いただきたい。

QR5

QR6

学級担任が計画から参画したことで，学級担任は評価への理解を深め，児童への説明，評価活動等，すべて計画どおりに実施し，学級間の平準化を確保できた。

⑷「パフォーマンス評価」に取り組んで気付いた学び

　児童アンケートの結果から，約6割の児童が不安な気持ちをもちながら取り組んでいたことが分かった。児童が生き生きとチャレンジできるよう，よりよい実施方法を今後も学級担任と検討したい。

　また，学級担任から「あれだけ練習したはずなのに…」という自身の指導について反省する声が聞かれた。単元の指導ではすべての児童が「おおむね満足できる」状態以上に到達していたため，場面（課題）が変わったことが大きな原因と考えた。今後は，単元の指導において，目的・場面・状況を多様に設定した言語活動を取り入れたいと学級担任と確認し合った。

　また，パフォーマンス評価を実施する際は2学級が連携して行い，学級担任が自学級の児童を評価する間は，もう一人の学級担任が残りの児童と自学級の児童とを管理するというよい意見も出された。

　児童を一番理解しているのが学級担任である。今後も学級担任を中心としたチームの力で，よりよい外国語教育を進めていきたい。

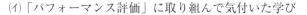■**ここがポイント！**…渋谷　徹（新潟大学准教授）■

　小学校外国語は小学校教育である。外部指導者やALTにお任せの授業は小学校教育ではない。真砂小学校ではチームを組み，担任が中心となった取り組みを推進している。特筆すべき点が二つある。

　一つは，チーム内で担任のスキルアップが行われているという点である。日々の授業をこなしていくためだけのチームではなく，先を見据えた人材育成が行われているのである。そして，そこには管理職の優れたリーダーシップが発揮されている。

　もう一つは，評価によって子どもの力を高めていることである。評価自体が指導の場となっているのである。評価のための評価であってはいけない。子どもたちの学ぶ意欲を削ぐような評価ならしない方がよい。小学校外国語の最大の目的は，子どもたちの学びのモチベーションを高めることなのだから。

❖おわりに

　本書をお読みいただくことにより，小学校英語の評価について，その基本構造と5領域の特徴，評価規準の設定，評価のための有効な手立て，評価の総括，評価の活用などについて理解を深めていただけたと思います。また，ご理解いただいた内容を実際の学校現場ですぐに実践できるようにするため，22の先進校の取り組みを紹介し，一連の評価活動を具体例でお示ししたことで，ご自分が評価を行う姿をイメージできたのではないでしょうか。

　では，本書をお読みいただいた後，先生方が次にすべきことは何でしょうか。すぐに学習評価を始めようとしても，評価をする材料がなければ何も始められません。指導なくして評価は存在しないわけですから，まず，先生方は，教師の本務である質の高い授業をめざして準備をされることになります。ただし，やみくもに準備を進めていけばよいわけでもありません。学校における働き方改革は，授業準備や学習評価においても求められていますから，少ない時間で最大限の効果を発揮する教育活動を考えていかなければなりません。

　「はじめに」（3頁）のカリキュラムマネジメント・モデルをご覧ください。限られた時間のなかで先生方のパフォーマンスを最大限に発揮してもらうためには，まずやるべきことをカリキュラムマネジメント・モデルにある七つの要因（以下のA～G）に落とし込みます。

A：目標設定　→どんな力をつけるのか？
B：カリキュラムのPDCA　→どのような教育活動をするのか？
C：リーダーシップ　→誰が中心となるのか？
D：組織構造　→そのための条件整備は？
E：組織文化　→そのための教職員の意識・行動は？
F：家庭・地域社会・他校　→地域の連携・協議は？
G：教育委員会・教育センター　→行政からの支援は？

　この工程のなかで自校の現状も分析され，自校の強みをどう推進すれば，また自校の弱みをどう改善すればよいのかが明確になります。七つの要因のバランスを考えて，どの要因に力を注ぐのかを全職員で共通理解し，要因間の関連を意識しながらも重点的に教育活動を進めていけばよいわけです。

その際，新型コロナウイルス感染症防止対応やGIGAスクール構想の前倒しにより，国からどんな支援があるのかをしっかり把握しておきましょう。

B：カリキュラムのPDCA
　　・「学習活動の重点化等に資する年間指導計画参考資料」（小6から公表）
　　・「1学期までの振り返りのための教材」（第2次補正予算で印刷・製本）
　　・学習動画を作成するための（We Can!等の）紙面やデジタルデータの活用
D：組織構造
　【指導者】　・英語が堪能な地域人材（補習等のための指導員等派遣事業）
　　　　　　　・JET-ALTの継続的な確保のための支援
　【学習環境】「子供の学び応援サイト」開設
　　　　　　　・一人一台端末整備の前倒し（校外・海外との交流，AIソフト）
　　　　　　　・家庭学習のためのWiFiルーター貸し出し
　【研修】　　・オンラインを活用した研修の実証事業（学研プラス）
　　　　　　　・免許法認定講習開設の支援
E：組織文化
　　・「外国語教育はこう変わる」「なるほど！小学校外国語」等の動画配信
　　　文部科学省公式YouTubeチャンネルでの新学習指導要領の解説や授業実践
　　　例を紹介

最後になりましたが，本書を刊行するにあたり，1章の豪華執筆陣にご協力いただいたことに厚く謝意を捧げたいと思います。いずれの先生も小学校英語においてすばらしい実績を残されており，その尊敬すべき先生方と試行錯誤しながら編集を進めさせていただいたことはたいへん貴重な経験となりました。また，全国の優れた実践者および実践の考察をお願いした先生方には，多忙を極めるなか，執筆の労をお引き受けいただいたことに心より感謝申し上げたいと思います。なお，本書の刊行にあたって，教育開発研究所の山本政男氏には原稿の確認，調整をしていただきましたが，何よりも，スマートフォンを片手にQRコードを読み取り，資料を参照しながら本を読み進めていくという新しいコンセプトを理解していただくことがなければ，この本はけっして生まれることはありませんでした。この場を借りて厚くお礼申し上げます。

　　　令和2年8月　小学校英語の評価が，子どもたちが本当に感じ，思ったことを伝え合う力を育てることへとつながることを祈念して

編者　池田　勝久

❖執筆者一覧❖

《編集》

池田　勝久　文部科学省初等中等教育局教科書調査官

《編集協力》

泉　惠美子　関西学院大学教授

大城　　賢　琉球大学名誉教授

加藤　拓由　岐阜聖徳大学准教授

巽　　　徹　岐阜大学教授

田縁　眞弓　ノートルダム学院小学校英語科ヘッドスーパーバイザー

東　　仁美　聖学院大学教授

《執筆》（総論・1章および2章考察）

池田　勝久　文部科学省初等中等教育局教科書調査官

巽　　　徹　岐阜大学教授

田縁　眞弓　ノートルダム学院小学校英語科ヘッドスーパーバイザー

大城　　賢　琉球大学名誉教授

東　　仁美　聖学院大学教授

加藤　拓由　岐阜聖徳大学准教授

泉　惠美子　関西学院大学教授

狩野　晶子　上智大学短期大学部准教授

萬谷　隆一　北海道教育大学教授

幡井　理恵　昭和女子大学附属昭和小学校講師

成田　潤也　神奈川県教育委員会指導主事

渋谷　　徹　新潟大学准教授

《執筆》（2章）

幡井　理恵　昭和女子大学附属昭和小学校講師

高橋　美香　東京都荒川区立尾久第六小学校長

俣野　知里　京都教育大学附属桃山小学校教諭

田縁　眞弓　ノートルダム学院小学校英語科ヘッドスーパーバイザー

山中　隆行　琉球大学教育学部附属小学校教諭

山口　美穂　岐阜県岐阜市立厚見学園主幹教諭

古橋　恵美　岐阜県大垣市立小野小学校教諭

白石　裕彦　東京都世田谷区立上北沢小学校主任教諭／前東京都港区立白金
　　　　　　小学校主任教諭

伊藤　　光　北海道教育大学附属特別支援学校教諭／前北海道教育大学附属
　　　　　　函館小学校教諭

黒木　　愛　東京都大田区立洗足池小学校教諭

西原　美幸　広島大学附属小学校主幹教諭

武部八重子　岐阜県岐阜市立長良東小学校教諭

石川雄一郎　神奈川県海老名市立今泉小学校・有鹿小学校教諭

八木　啓太　北海道豊浦町立豊浦小学校外国語巡回指導教諭／前北海道寿都
　　　　　　町立寿都小学校教諭

羽田あずさ　神奈川県横須賀市立田戸小学校教諭

髙橋　洋平　大阪府高槻市立土室小学校教諭

新紺　明典　東京都北区立袋小学校長

内田　啓介　東京都新宿区立四谷第六小学校主任教諭

千嶋　里英　岐阜大学教育学部附属小中学校教諭

清野　真輝　新潟県新潟市立真砂小学校教諭

※各頁に記載した二次元コードをスマートフォンやタブレットPC等で読み取ることで，さらに理解を深めるコンテンツや参考になる情報にアクセスすることができます。必要に応じてご活用ください。なお，インターネット接続に際し発生する通信料は，使用される方の負担になりますのでご注意ください。

小学校英語「5領域」評価事例集

2020年10月1日　第1刷発行

編者─────────────池田勝久
発行者────────────福山孝弘
発行所────────────㈱教育開発研究所
　　　　　　　　　　〒113-0033　東京都文京区本郷2-15-13
　　　　　　　　　　TEL　03-3815-7041（代）FAX　03-3816-2488
　　　　　　　　　　https://www.kyouiku-kaihatu.co.jp
　　　　　　　　　　E-mail=sales@kyouiku-kaihatu.co.jp
装幀─────────────長沼直子
カバーイラスト──────おおもり　やもり／PIXTA
印刷所────────────中央精版印刷株式会社
編集人────────────山本政男

ISBN978-4-86560-527-3　C3037
落丁・乱丁本はお取り替えいたします。
定価はカバーに表示してあります。